归途拾光

尹武平 著

作家出版社

作者 /

尹武平

1954 年 10 月生于陕西省富平县，共和国少将，现为中国散文学会会员、陕西省作家协会会员。

曾任 189 团战士、副班长、班长、排长、团作训股参谋、连长、副营长，163 团营长、军作训处参谋、184 团参谋长、团长、兰州军区特种大队大队长，61 师副师长、师长，青海省军区参谋长、副司令员，陕西省军区副司令员。

《写给岳母》一文荣获"2015 年中国散文排行榜"第十三名（全国共有三十名作家上榜）。

散文集《人生记忆》荣获 2016 年度中国散文年会"精锐奖"。

《父子》一文荣获 2017 年度中国散文年会"年度十佳散文奖"。

《白蒸馍》一文荣获第八届冰心散文奖。

《找一个安放灵魂的地方》一文荣获"2017 年度《延河》杂志最受读者欢迎奖"。

其撰写的七十余篇散文、随笔先后在《读者》《延河》《美文》《海外文摘》《散文选刊》《西北军事文学》《光明日报》《解放军报》《陕西日报》《深圳特区报》《西安日报》《深圳晚报》等十余家报刊登载。

散文集《人生记忆》现已被中国国家图书馆、中央党校图书馆等全国重点图书馆及中国人民解放军国防大学、北京大学、清华大学、鲁迅文学院等重点院校图书馆（共计六十余家）收藏。

目录

/

序言

归途拾光

众人评说

序言 / 1

情真意切方能力透纸背

——读尹武平的散文集《归途拾光》

尹武平先生是一位军人，却热爱写作，尤擅长散文。他从普通士兵做起，从排长到身担重任的指挥官。可想而知，他在疆场上纵横驰骋，他手握钢枪却又能拿起如椽大笔，书写战士情怀，人间万象。近来得友人推荐，读到尹武平将军的散文集《归途拾光》，让我感念不已，止不住感情涌动。他的文字朴实坦诚，真挚自然，正因为情真意切，方能力透纸背。这本散文集，正如书名所言——归途拾光，其意大约是指解甲归田之时，回顾自己的漫漫人生路的所思所想，充满家国情怀，浸透人生感悟。清俊明朗的文字，点点滴滴，或怀旧，或念新，都有真情实感，不乏真知灼见。读这些文字，能体味到一位老战士在讲述人生的不凡岁月，领略生活的百般滋味。

尹武平的散文最显著的特点在于感情真挚，其中最令我感动之处，是他的散文里写到的那么多的亲情。那篇《写给岳母》的文章字字凝泪，回肠荡气，讲的都是日常生活的里里外外，写的是岳母的无私奉献。虽然岳母不识字，但她却明大理，为了儿女把国家的工作做好，她宁可自己承受生活的艰辛。这里既写出母爱的伟大，也写出中国普通妇女的精神人格。人说家和万事兴，也有说清官难断家务事。家庭琐事，烦恼人生，但在尹武平的笔下，这里的家庭却透露出人间的至亲至爱。尹武平写《父子》，他的笔法简朴直接，就是写出生命历程中父子亲情的那些铭心刻骨的时刻。他选择的生命瞬间不外乎关涉生死、疾病、饥饿、日常关怀，每一个片断都有感人之处，都是我们常人可能经历的一些事情和现场。作者把自己的经历细致地讲述出来，把自己的心情感受真切地写出来。父亲并没有做出什么丰功伟绩，但却是儿子的父亲，道理不言自明。天下的儿子并非都孝顺，天下的父亲也并非都可亲可敬，作者写出的是最为自然平实的父子关系和感情，唯其如此，它感人的力量才最为真实而能引起普遍的共鸣。文章并无渲染描摹，只是平实地记事，便写出了父亲这一形象。父亲被诊断为癌症后，一向不善言辞的父亲硬邦邦地给他撂下一句话："我死了你们都不要劳神，用席一卷埋了就行了。"作者听后一怔，赶忙解释："您不要多想，病没那么严重，再说，该准备的我们都准备了。"当即托人赶紧把棺材寿衣等拉回了家请父亲过目，他老人家看后立马有了精神。这么坦诚倒是写出了父亲对生死的态度，也刻画出生死都要体体面面的父亲形象。父亲临终前有短暂的清醒，突然询问二十多年前战死沙场的小儿子在哪儿，作者硬着头皮回答："东平早就牺牲了，您就安心睡吧！"父亲没吭声，只见两行浑浊的泪水从他眼角流淌下来。作者自然道来，父子生离死别，这就是亲情的本质。作者写出人生最本质的那些时刻，那些最硬的事实，寥寥几笔刻画的细节铭心刻骨，流露出来的意味和情感惊心动魄。

尹武平的散文细腻生动，趣味盎然，最能打动人处，在于他写出浓郁的生活味道。他把自己日常生活的经历和那种真实的心理体验和盘托出，不只是托出他自己的全部心情，也因此能托出生活的完整性和原生性，让我们看到并不需要过度加工的生活原生的情状。那篇《白蒸馍》写得趣味横生，令人击节叫好。这里有幼时对蒸馍的渴望，贫困饥饿中对填饱肚子的向往；有当兵经受磨炼岁月的吃馍经历，蒸馍与成长以及战士豪情的关系；尤其是那一段写到国外学习想念家乡的馍，那种土气和怀乡的情感都凝聚在馍上。文章是在状物写情，叙事写心，故而能把蒸馍吃馍写得如此有趣，又写出人生每一阶段的对生活的体验和感悟。看上去是写蒸馍，实则写出自己的不同时期内心的各种感受。尹武平的散文擅长从细微之处见真知，生活中的琐事、杂事，他都能细细品味，有所感悟，并且诉诸笔端，在细微之处显示出独特的人生见解。在《点拨》一文中，他由清油灯点拨时候的手轻手重而产生的明暗变化，得出结论，人生出彩，很像清油灯发亮光，需要有人适时适度的点拨。在《聪明误》一文中，尹武平全篇采用第二人称的写法，仿佛和某位小辈对话一般，对老鼠的可恶行径进行痛斥，也得出结论，做人做事不能聪明反被聪明误。这些都写得自然纯朴，毫不做作。生活中总有一些小事触动了作者的情思，由此生发出人生的感悟。在《知了情》中，作者不忍知了历经艰难的生存之路，想伸以援手，却最终明白，它正因蛰伏阴间十年光景实属不易，才倍加珍惜这区区几十天的生命光景，活一天就要活出精彩，唱一声就要唱得悠扬。

尹武平的散文自有一种气韵。古语说，文以气为主，军人的情怀铸就了尹武平的散文有一种阳刚之气，他的字里行间总是会自然透示出人格、气节、骨气一类的格调。威武不能屈，贫贱不能移——这种品格几乎贯穿于他的所有散文中。当然，作者并非时时彰显自己的人格，而是经常反思自己身处逆境所需要的坚定和执着。在《水流自净》中，尹武平想到自己受误解的委屈，直抒胸臆："人生最大的痛苦莫过于蒙冤，莫过于不被人理解，莫过于自己傻干着却无人告诉你内幕和真情，莫过于自己一腔热血换来的结果是不清不白，莫过于这种没有组织结论的结论，使你在这无闻不觉中毁掉青春和前程。"作者不忌讳在散文中抒发胸中之气，不屈从于历史的轨迹，用自己的方式将真情实感表现出来。作者敢于袒露他的心迹，表现了一个有抱负的青年战士在未知的、多变的境遇中的那份坚守。

尹武平的散文别有一番精气神，积极向上、生生不息，你能感受到文字间跳跃的生命力。这或许与他的军人性格相关，也是他的人生磨炼造就出的始终不渝的理想情怀。他的散文抒写平常心境，他总是秉持平易平等的为人处世的态度，他怜爱万物，怀抱希望，始终向往未来，恰恰是在平常心中透示出积极的人生态度，这就是由爱充满的态度。因此，他于平常中并不寻常，于独处中并不颓唐，反而由此生发出一种顽强旷达的信心，他的军旅题材散文尤其如此。在《怀念密友》中，他写了陪伴过他军旅生涯的配枪，他们一起经历过的憧憬、委屈、埋怨甚至仇恨以至最后的和解与感恩，随着作者对配枪的喃喃细语娓娓道来。在《雪儿》中，作者描写了一只家中所养的京巴狗，不得已赠予他人。当作者欲乘车离去时，雪儿竟长长地躺在猎豹车前轮下……这一场景感人至深，硬汉柔情。在《研究"败战"亦有益》中，作者由中到外的战事、由今至古的论述信手拈来，融会贯通，方显军人本色。

尹武平的散文构思自然精巧，擅长心理描写。《恐惶》全文全写"恐惶"——当然也不是什么大的"恐惶"，只是写一种心理。这篇散文把少年人走夜路的场景写得尤为精彩："霎时，只觉得头发一根根地全竖了起来，继而便听见自己扑通扑通心跳的声音。紧接着脚下生了风似的唰唰疾行，脚下行走的唰唰声此时显得格外清晰、急促。这声音传到耳朵里后，总觉得身后有什么东西在紧随着我追赶着我，我一点不敢回头看，只顾埋头加快脚步往前走，一不留神，路边一块土疙瘩绊倒了我，趁机扭头一看，后边什么东西也没有啊。我赶紧爬起来，扬起胳膊用袖子擦了一下满脸的汗水，定了定神，扯着嗓子吼起了一段不搭调的秦腔：'王朝马汉唤一声，莫呼威，往后退……'这一招还真灵，麦浪仍然在风中起伏着，心中的恐惶却消减了许多。"这是每个人的少年时代常有的心理，尹武平的笔下却写得如此逼真而活灵活现，不失一种天真的情趣。

当然，尹武平的文章多半是在紧张繁忙的工作之余写下的文字，有些文章还显得匆忙，可深挖或展开的地方却意犹未尽，哲思方面似也可再做修炼。但这些都瑕不掩瑜，随着他退休归家，可以从容写作，自在读书，对他的散文写作肯定是一个新的起点，可以期待他下一阶段的作品会带来更多的惊喜。

总而言之，尹武平的散文平实朴素，语言简练，大处着眼，小处落墨，平实中见精气神。军营家庭，亲情友情；天地万物，日常琐事，皆能自然道来，清晰如画，明朗如歌。我感触良多的是，尹武平曾经身处军营却能达观静心，领军带兵，始终不失赤子之心。真应了鲁迅先生那句话：无情未必真豪杰，怜子如何不丈夫。这部名为《归途拾光》的散文集，既能正视曾经走过的艰苦曲折之路，又能体味往事的酸甜苦辣之味，洞悉人生，澄怀观道。或为物喜，或以己悲，终究能泰然处之。我们看到的是一个老兵的真实生活，真实心境，多少人和事，并非过眼云烟，而是岁月磨洗出闪亮的品质。生命的那份韧性，留在他的笔尖，力透纸背，透进当今时代的骨子里。

2019 年 1 月 12 日

北京大学中文系主任、教授、博导、鲁迅文学奖得主、著名文学评论家、中国当代文学研究会副会长。

※　本文刊于《文艺报》2019 年 4 月 8 日、《美文》2019 年第 5 期

魂似琥珀情如诗

——读尹武平同志散文有感

这一部散文集的作者是一位退休少将。

那么，我们称他为"将军"，实际上不合军中"规矩"——正如我们不必称一位退休的军长为"军长"。然而在军中，一位将军即使退休了，别人也还是会称他为"将军"，军中有军中之习惯，况且，将军是他终身的荣誉。

但，当我们评价一位退休将军的文学写作时，换一种称谓似乎更能拉近文学与人，作者与读者的关系。因为此时，以上两种关系，有助于我们更深入地理解作者本人及其写作理念。

可究竟该怎样称谓作者呢？

想来想去，觉得还是称他为"同志"更适当些。"先生""兄"或"弟"这类文人之间的尊称和慕称，不适用于此序。

首先要说明的是，武平同志这一位退休的将军，可不是我此前接触较多的"文职将军"，更不是"文艺将军"。

他是在这样或那样的野战军中，从士兵逐级晋升为将军的人。

当兵第六年，武平同志由班长被提升为排长。从那时起，他成了一个带兵的人。班长、排长、连长、营长、团长、大队长（特种部队）、师长……他是一步一个踏踏实实的脚印，经历了一番又一番的磨砺，才成熟为优秀的，更优秀的带兵的人的。

关于他在军中的成长与成熟，贾平凹先生题写书名的《归途拾光》这部散文集中有很真诚较详细的自述，不赘言。读这部散文集，我之最深的感受有两点——军队真是一所大学校啊！从士兵到将军，武平同志的军中成长史，决定了他的散文风格必然是现在这样的。

我初识武平同志，是在《散文选刊》《海外文摘》举办的一次年度颁奖会上。他的第一部散文集获奖，《散文选刊》《海外文摘》为他举办研讨会。王蒙、刘庆邦和我参加了研讨会。

王蒙同志对他的散文给予了很由衷的喜欢的评价，归纳起来可用"真情实感的记录""豪迈精神的表达"来概括。

"如果武平将军的散文居然不是此种风格的，我反倒有些奇怪了。"——记忆中王蒙同志当时说了这句话。王蒙同志的话代表了包括我在内的大家的一致读后感。

大家认为——中国自古有军旅词、戍边诗的文学传统，武平同志的散文，油然地体现了这一文学传统，与岳飞、辛弃疾、韦应物、陆游、苏轼们表达"报国之心，死而后已"的豪迈精神一脉相承。此种精神是军队之魂、军人之魂，是武平同志这位曾经的、受士兵爱戴的带兵的人和他那些一不怕苦、二不怕死的士兵们的共同意志和信念。

早在古代，庄子对于文事就曾说过："不精不诚，不能动人。"汉代的王充也说："精诚由中，故其文语感动人深。""精"指去伪存真。他们的话，已不仅仅是在总结修辞要义，同时也指思想境界。"诚"固可嘉，但也要看以"诚"在表达什么。君不见，时下对文艺作品的推荐或推销，动辄贯以"真情奉献"云云，而其内容，却往往在表现人的尔虞我诈、钩心斗角方面不遗余力，极尽能事。

武平同志的散文，"诚"在表现军人的赤子之心方面，"真"在有一说一有二说二的坦荡方面。

如在《触摸理想》一篇中，他率真地写道："我从入伍那天起，能提干当个军官是我的理想。哪怕是让我扫厕所、掏大粪也行。当兵六年，当我终于成为一名军官，我的理想又变了。当连长成为我的新理想，甚至内心深处最高的理想。"

这种真和诚的表达，毫无虚饰，与读者之间形成了一种推心置腹的交流关系。他在另一篇散文中写道——"我们那个时期的军队，提干是没有走后门送礼这一种不良现象的。"

他的话验证了两点——一，后来军中的腐败之风确乎成弊；二，习主席任军委主席伊始，严抓军中腐败现象实属必要。

当连长也得有当连长的素质。武平同志当上连长之后，将一个伙食很差的连队，改变成了食堂办得令全团羡慕的连队，证明他的爱兵，他的带兵有方略。王蒙同志对此篇散文赞赏有加，甚为喜欢。

而他作为连长，自身军人本领也十分过硬。打靶时为战士讲射击要领，亲自示范，接过长枪，数枪点射，环环不离九。

恕我岔开几句——或许有读者困惑了——书序嘛，何必谈作者呢？这乃因为，作者此书乃是往事之侧记，人生之自白啊！但我又认为，此书既是作者的人生自白，却又不仅仅是一人之人生自白，未尝不也是许许多多原本是农家子弟的军人共同的人生自白。武平同志身上，有他们的影子；他所侧记的往事，很大程度上必然也是他们共同的经历。也可以说，武平同志通过自己的追忆，为像他一样的军人们进行了义不容辞的汇报性讲述——讲给自以为了解军人，实际上并不是多么深入地了解他们的理想，他们的信念，他们的精神和风骨，以及他们的友情观、爱情观、亲情观的人们听。在以上方面，毫无疑问他们具有相似性，简直也可以说具有共性。那么，也可以说，武平同志的散文集，具有军人之天职的诠释意义。

现在，武平同志的新作《归途拾光》收录了《记得那年桃花开》《知了情》《水流自净》《乙未之痛》《找一个安放灵魂的地方》等篇章。以上散文，或回忆童年和少年生活之片段；或回忆手足情；或回忆父母情父子情。在我看来，篇篇都是散文佳作。

像许许多多50后中国人一样，武平同志自然也是挨过饿的，母亲一手牵着他，一手端着碗，在村口与乡亲们望眼欲穿地期待着送救济粮的人出现——而所等到的，只不过是每人每天三两的救济粮。在完全没有副食的年代，每天三两口粮，只能说是勉强维持生命的定量。而父亲，将家园附近几棵老榆树的皮都剥光了，捣碎、煮成浆，赖以充饥。就是在这样的情况下，作为社员，那也是要出工干活的。而小小年纪的他，不理解大人们的无奈，每每饿得躺在地上打滚，哭喊着要吃馍……

入伍后的他，明明各方面表现优秀，明明入党愿望十分强烈，其愿望却一再受到冷淡对待。为什么呢？只因为有人发现，黑板上几个随意而写的零乱的字，组成了一条"反动标语"——不是一个人的字体，是两个人的字体；但其中一人是他。于是，他在浑然不知的情况下成为被监视对象，笔迹也被暗中进行了郑重其事的对比……

近年，我们的某些同胞，因为对现实有意见，有不满，往往便将改革开放以后的中国说得这也不好那也不对，一无是处，一团糟；自己明明是过来人，却将改革开放以前的中国，美化得理想国似的。仿佛，中国之改革开放，简直是从理想国一下子跌入了没有希望的阶段。

这是不客观不实事求是的。

中国的现实问题当然不少，但改革开放的成就是巨大的，这一点绝不应被抹煞。同样，从前之中国，腐败绝不像后来这么严重，但也并不是什么理想国，普遍的贫穷和"极左"现象，往往也使许多中国人苦不堪言。

故，可以这样说，新录加入的几篇散文，对于今日之青年，具有史实性地、客观地、把握发展主流地看待自己国家的参考书的意义。

一位可敬的退休将军的回忆可信度更有说服力。

最后要谈的印象是——我觉武平同志，肯定是爱读书的人。

何以见得？

在他的一篇散文中，有这样一小段回忆——当他由排长而升为连长离开所在老单位时，只带三样东西：行李、日用品、一箱子书。

而他的几篇回忆小时候生活的散文，文字特别优美，描写细腻，堪称美文——证明他肯定也曾是文学青年，被好的文学影响过。

他当连长时，文书偷偷与县里的姑娘谈上了对象。当年的军纪，这是绝对禁止的。一经查证坐实，文书会被开除军籍，遣送回老家的。

但他没有那么做——与指导员统一思想，决定将事捂下，不向上级汇报。对文书进行了严肃批评后，又主动走访那姑娘的父母，暗中促成了一桩婚姻。

这种敢为下属担当的极人性化的做法，不见得肯定与好书籍好文学的影响有关，也可能是善良之天性使然。但有一种关于人的真相是——一个人的善良，父母所遗传的先天的善良基因固然重要，好书籍好文学所给予的后天影响同样重要。

向优秀的中国现役军人和曾经的优秀军人由衷致敬！

祝一切好人之人生终得幸福！

祝武平同志此书受到军内军外更多的读者喜欢！

2018 年 12 月 10 日于北京

中国当代著名作家、中央文史研究馆馆员。

※ 本文刊于《陕西日报》2018 年 12 月 26 日、《美文》2019 年第 5 期

归途拾光

/

记得那年桃花开

/

　　不知哪一年哪一月哪一天，一颗桃核落在了我家院子西南角的蒿草中，长出了一棵小桃树，一出世便被雨露滋润着，随风摇曳，任性地疯长。

　　这棵桃树主干长到三尺高的地方便分杈了，一枝斜着伸向东北方向，两枝平行着向西南方向发展。三条枝干生出许多枝条，叶子在枝条上青绿绿地闪着油光，形成了一个偌大的不规则的树冠。

　　老人们常说，桃三年杏四年核桃树长五年就结果了。可我家这棵桃树长了好多年，树身都碗口粗了还不开花挂果。要知道，不开花结果的桃树像不下蛋的母鸡一样，是不招人喜欢的。我经常攀到树上折下许多枝叶去喂羊，谁知折完后竟发出更多的枝条来，越发显得枝密叶茂了。

　　夏日里，这棵桃树下的一片阴凉，成为我和小伙伴嬉戏玩耍的好地方。我们或骑在树杈上，或躺在那两根平行的树干上，或坐在树下看蚂蚁搬家，看螳螂上树，看屎壳郎滚牛粪蛋儿，尽情地玩耍着。尽情玩耍的孩子会忘掉一切，包括饥肠辘辘的肚子。直到现在，若有人问我童年对什么事印象最深，我会不假思索地脱口而出："肚子饿！"这都归结于我们家穷。穷归穷，可父母亲灌进我耳朵里的那几句口头禅却始终是硬气的，什么"人穷志不短"呀，什么"再穷的日子都会有个头"呀……虽然儿时听着这些话似懂非懂，但我却在肚子饿得非常难受时，宁可在自家院子里哭着闹着甚至躺在地上滚着，也绝不会去邻居家讨要半个馍吃。

有一天晌午，我躺在桃树下，透过枝叶缝隙，看着蓝天上的云彩像雪白的棉絮一团一团从头顶飘过。突然发现，浓密的桃叶竟簇拥着几只鸽子蛋大小的桃子，饥饿与嘴馋催促着我翻身而起，爬到树上摘下那几颗半生的桃子吃了起来，完了还咬开桃核取出桃仁，塞到两只耳朵里。听大一点的伙伴说，桃仁放在耳道里还会孵出小鸡呢。虽然没有尝出桃味没孵出小鸡却使我看到了那棵桃树的希望。

当又一个春天到来时，我家桃树上的那些枝条上挤满了的花蕾竞相开放着。那粉红色的桃花，远远望去，像一团粉红色的云。近前细看，那桃花神态迥异，各不相同，引来成群的蜜蜂争先恐后地前来采蜜，十几只蝴蝶也在桃花里飞来飞去。这一树桃花给寂寥的院子平添了一道美丽的风景，带来了一丝希望。妈妈说："这一树桃成熟好了，能卖十多块钱呢！"

一场春雨使桃花极不情愿地慢慢飘落到地上，与泥土掺和在一起，散发着自己独有的清香。满树的乳桃在春风的轻拂下，在夏雨的滋润中，还有空气，还有阳光，甚至月光也时常光顾其身，小桃子个个悄无声息地一天天鼓圆着自己的身子。全家人经常眼巴巴地瞅着这一树桃子，把唯一能给家里换几块钱的希望寄托在了它的身上。

　　那天，天刚麻麻亮，父母亲就匆忙地起身下地，提着老笼去摘桃子。待我从炕上爬起来时，母亲提着大半笼鲜桃回家，接着拿出十几个桃子，分成两份，让我们兄弟姊妹分送给邻居家尝个新鲜。这是乡俗，更是我们家的规矩。

　　吃罢早饭，妈妈拎着一笼桃到几里路外的镇上去赶集，我跟在妈妈的后边。在镇上的街道边，妈妈放置好桃笼，揭去盖在桃子上面厚厚的一层绿油油的桃树叶子，一颗颗青里泛白的鲜桃便呈现在人们面前，个个身上披着一层薄薄的绒毛！说实话，我家的桃子长得并不好看，不像别人家的桃子，外表白里透红。但只要吃上一口，就会感觉到味道醇正，渗甜渗甜的呢！街上赶集的人群开始你来我往，熙熙攘攘，但都从我们面前的桃子上瞄一眼便一走而过，妈妈开始着急起来，壮着胆子羞怯地喊了一声："离核甜桃！先尝后买！"话音未落，脸蛋先红晕起来。终有一位中年男人来到摊位前，"桃甜不？""甜得很！"妈妈生怕买主走了，补充说，"先尝后买，不甜不要钱！"那中年男子便弯腰拿起一个桃，噌噌地在自己裤腿上擦了两把，放到嘴里咔嚓咬了一口，随即吧唧吧唧嚼着，然后却抬脚走了！望着他离去的背影，我的双眼瞪得圆圆的……

　　我们娘俩在摊位前，看着街道上的人们你来我往，企盼着下一位顾客的出现，但总是碰到问价格的多，摸个桃子尝鲜的多，实实在在买的顾客并不多。忽然，街道斜对面传来"热油糕！又香又甜的热油糕！"的叫卖声，镇上食堂一位师傅穿着白大褂，戴着白帽子，在支起的油锅前边捏着油糕高声叫卖着。伴随着他的喊声，一股浓浓的油糕香味随风钻进我的鼻腔里，我不由自主地不断把涌出的口水咽到肚子里。但我不会给妈妈提要吃油糕的要求，妈妈卖桃赚钱太不容易了！倒是妈妈看出了我的馋相，抚摸着我的头说："等妈把桃卖完了，给你买油糕吃。"我企盼着那个甜蜜的时刻。

农村集市上交易的商品很少，赶集的人们来也匆匆去也匆匆，人们很快就散去了，可我们的桃子还没有卖完。这时妈妈毅然地挎起老笼，顶着烈日带着我走街串巷去叫卖了。记不清串了几个村，说不上走了几里路，那一笼桃总算是卖完了。回家的路上，妈妈一直跟我唠叨着，盘算着卖桃得到的七块八毛钱怎么花：要先给我留一块五毛钱的学费呀，要给姐姐买双鞋面布呀，要买一斤盐呀……

那一天，也就是那一天，我突然觉得自己长大了！内心深处埋下了要发奋读书摆脱贫穷的种子。两个多月后，我开始走在上学的路上……

※ 本文刊于《海外文摘》2016年第4期、《陕西日报》"秦岭"副刊2016年3月17日、《延河》（下半月刊）2019年第2期

記得那年桃花開午生屬羊先武那年
甲陳正鵬

为《记得那年桃花开》画·陈永锵 / 岭南画派领军人物，中国美术家协会理事

向生命致敬

/

　　我的人生已走过一个甲子轮回，生命里充满了感激、感悟。想想这几十年起伏跌宕的岁月，我最想说的一句话就是：向生命致敬！

　　向生命致敬，是因为我感悟到活着真好！1954年10月7日我降生在富平县城东面一个贫苦农家，一出生就患上百日咳，活了不到百天，有天晚上就断了气。母亲坐在炕上哭，父亲把我放在炕沿下一个破笼里，叫来爷爷和婆婆，准备趁天还没亮，埋到门前的芦苇滩里。我婆看见我身上穿了一条毛裤，说把毛裤扔掉可惜了，以后再有孩子还能穿。就在提着我双腿脱毛裤时，感到我胸口还有点热，就用手指塞进我嘴里，没想到我哇的一声哭了，母亲赶紧把我又抱在怀里……我十二岁那年的元旦前，老师到西安出差，出于信任，让我给他看守宿舍，那时宿舍门都没有暗锁，晚上用一根棍在门后边顶着。当晚我煤气中毒，多亏一阵寒风把门吹开一条缝，次日早晨音乐老师来取演节目的道具，发现土炕上赤条条躺着一个男孩，口吐白沫。赶紧报告给校长，抢救了七天，又活下来了。2010年1月20日，在青海，常年严重的高原反应加上又患重感冒，输了七天头孢未愈。一天晚饭后，瞬间血压升到170／120。心跳时有时无，多亏了段政委亲自组织抢救，省人民医院120救护车来得及时，抢救了五个多小时才解除了病危，当时我苏醒后说的唯一一句话是"名利看得更淡了"。六十年三次死里逃生，每次想起不由发自内心地感慨：活着真好！

向生命致敬，是因为我感悟到奋斗真好！奋斗的欲望是逼出来的！我的家境十分贫寒，从小过着衣不蔽体、食不果腹的生活，住的房子是雨天外边下大雨屋里下小雨。晴天晚上睡在炕上能看见星星。"三年自然灾害"时，房子周围的树皮都扒光充饥了。十岁左右我就想着长大后一定要离开这个贫穷的地方！奋斗是需要付出的！四十年戎马生涯，我曾点兵昆仑山下，踏破贺兰山阙，辗转西北大地，尝遍人间艰辛，才由一个农民的儿子成长为共和国的将军……

向生命致敬，是因为我感悟到朋友真好！朋友是我生命中一笔宝贵的财富，向生命致敬也就是向朋友致敬！生命需要长度，更需要增加厚度。我在人生征程上相遇相知了大家，大家的理解关心支持才使我的人生丰富多彩，厚重绚丽。

向生命致敬，是因为我感悟到奉献真好！人生要做许多事，有些事做后自己高兴，他人不高兴；有些事做后他人高兴了，而自己不高兴；唯有真诚的主动的奉献，才能使自己愉悦，他人高兴。我要像夕阳，把余辉洒向一座座高山，使其更加雄伟、挺拔、美丽；把人生经验传给后人是奉献，让后人能从自己身上吸取点教训，少走弯路更是一种奉献。在家庭里，我要将余生作为给宝贝孙子精神、物质二合一的储蓄罐。一旦他在今后成长过程中需要时，能从罐里掏出一枚铜币，或者银币，甚至是金币，我就心满意足了！

我还要真诚地感谢夫人潘润芳，几十年来相濡以沫，任劳任怨，默默无闻地，年复一年、日复一日地做着那些看似平凡实属伟大的事情。

我尊重生命，敬畏生命，珍爱生命，向生命致敬！

向着太阳鸣起生的颂歌的武平好单

丁酉晚春 陈永锵 惠存

知了情

/

　　盛夏，夜幕悄悄降临了，乡村渐渐笼罩在夜色之中。鸡已上架，鸭已进窝，鸟儿也归林了。连大花猫也趁着夜色在墙角弓着腰，瞪着一双绿油油的眼睛，死死盯着老鼠经常出没的洞口，一副蓄势待发的样子。只有村头偶尔传来"汪、汪"的几声狗叫和门前小河里"咕呱、咕呱"的蛙鸣声。劳作了一整天的大人们都已经歇息了。这时候，我却怀着童年的好奇心，趁着夜色，跑到院墙外的树干上摸知了去了。

　　听大人们说，知了蛹在靠近大树的地皮下要生长好多年呢。它靠吸食树根汁液过日子，光在地皮下就要蜕四次皮，钻出地面后还要蜕一次皮，才变成能飞会叫的知了。

　　我对知了脱壳有一种特别的好奇心。因为时常听到妈妈给我说：人活一辈子，不脱几层皮，难得过上好日子。人脱几层皮与知了脱壳是一回事吗？疼不疼呀？它的壳好好的，为什么要蜕掉呢？

　　带着这些好奇，我要摸个知了蛹，看看它是如何蜕变成知了的。那时候没有任何照明的器物，更不要说手电筒了。大人们总告诫：小心摸着蛇和蝎子！听了叮咛难免有点胆怯，但最终还是好奇心占了上风。

　　出了家门，借着朦胧的月光，我首先看见大槐树旁边，刚刚从地皮下钻出来的一只知了蛹，它浑身土黄色。那通体硬壳酷似披挂了一身铠甲，肥硕的身躯很像是一位孕妇。前边的两只小爪子像两把锋利的耙子，又像是两把伐木的大锯，爬行起来颤颤悠悠的，但却一步一个脚印威风凛凛地朝着自己感知的方向、预定的目标前行着。

我转过身来，又看见在那棵梧桐树光滑的躯干上，一只知了蛹正在坚忍执着、义无反顾、艰难地向上攀登着。它似乎觉得距离地面越高，就会越安全一样。但我还是有点担心它两只前爪是否抓得很牢，可不要掉下来哟！掉下来会摔死的。

我仰起头，在淡淡的月光下，还看见在老榆树高高的树杈旁，有一个知了壳。在它的旁边，一只知了倒挂在树干上，湿润润的身子，在月光照耀下还发出微弱的亮光呢。柔软而透明的翅膀已经完全舒展开来。我似乎还看见了它那露珠般的一双眼睛。

我没看见知了脱壳的详细过程，很不甘心，便带着捉到的三只知了蛹，回到自家院里。找来搪瓷脸盆，把知了蛹放在里面。然后，趴在凉席上，静静地看着它们。三只小家伙在脸盆里不断地爬着，发出沙沙的声音，只是盆底太光滑，只见爪子动，不见身子行。一会儿，它们就停止爬动，静静地待在那里。随着一阵抽搐，它们后背上绽开了一道裂纹，裂纹越张越大，渐渐地露出粉红色的躯体。这个躯体在不断地挣扎着、挣扎着，我能感觉到它们的痛苦！这痛苦又显得非常漫长，以致我的上眼皮与下眼皮不停地打起架来了。

待我睁开惺忪的双眼，才发现早上的太阳已照到院内墙头上了。我一骨碌爬起来，看见脸盆里只有三个知了壳。我的知了呢？我哭了。难道是被大花猫吃了？我拿着棍子要去打大花猫。这时，妈妈拦住我说：你的知了翅膀硬了，飞到院外树上去了，等到中午天气热了，它们会出来的。

太阳越升越高，天气也越来越热。院墙周围的树上，开始传来知了的鸣叫声。我穿件小裤头，赤着上身，光着脚丫子，顺着知了的叫声，伸长脖子去寻找我曾经捉住的那几只知了。

知了，真是个小精灵哟！我家院子周围有许多树，我看见知了偏偏喜欢扎堆趴在榆树上，因为榆树汁有点甜味啊！我想起来了，二三月闹饥荒那阵，家里没一粒粮食吃了，妈妈领着我去田野里挖野菜回来煮着吃，榆树上长出了榆钱儿，便捋下来煮着吃，就连后来长出的榆树叶也被吃个精光。老父亲干脆把那几棵榆树的皮也扒下来，在门前的石头窝里捣成碎末煮上半锅用来当饭吃。黏糊糊的，喝起来挺光滑的，还有点甜味呢！怪不得知了都喜欢趴在榆树上。桃树个子长得矮，它趴在上面可能觉得不安全；槐树的汁是苦的，它肯定嫌味道苦；椿树身上有一股特殊的臭味，它才不愿意闻臭味哪！这知了真聪明啊！

知了好像听见了我的赞扬声似的，开始争先恐后地鸣叫起来。最先鸣叫的那只，只见它两只翅膀微微张开，趴在那一动不动，只顾高一声低一声地诉说着自己生来是多么不容易，在地下生长那么多年是多么地寂寥，脱壳的过程是多么地艰难和痛苦，它要把这满腹的积愤从胸腔中吼出来，随风飘扬。它上面的那一只，显得很兴奋，它似乎完全忘记了前世的寂寞，它更不愿意回忆脱壳时的痛苦，它不愿意因回忆往事而占据了眼下的大好时光，它憋足了劲，使出了浑身的力量，边鸣叫边快速地向树干的最高处爬去，它认定了爬得越高，会看得越远，叫声越响，它越感到愉悦。它知道，它蛰伏阴间十年光景是多么地不容易，它来到阳间，一定要倍加珍惜这区区几十天的生命光景，活一天就要活出精彩，唱一声就要唱得悠扬。它旁边的那一只更有趣，边鸣叫边后退着，我企盼着它后退到我能够着的地方时，一把抓住它呢！不料它退了一阵后，又欢叫着向树干上方爬去了。我很失望，失望并没有阻断我的联想，这只知了一定知道自己一生的路不会平坦，前边肯定会遇到这样那样的困难，它甚至知道无奈地后退是为了更好地前进这个道理。它甚或在体验退一步海阔天空的愿景，不然它怎么会在退却时还高歌永放呢？喔，还有一只，刚才怎么没看见呢？它静悄悄地趴在枝头，嘴巴扎进树皮里，心无旁骛地吸吮着树汁。它尾部有一根长长的尾巴，据说这是母知了，天生不会鸣叫，只知道默默无闻地生活着，一生只为知了传宗接代。

太阳正当午，我伫立在炽热的阳光下，仰起头，伸长脖子聚精会神地看着知了有趣的表演，听着知了悦耳的鸣叫。火辣辣的太阳晒得我满脸通红，汗水顺着额头一串一串地流下来了，汗水钻进眼睛里又涩又疼，我不停地用手抹去脸上的汗水。脸上的灰尘和汗水搅在一起，真变成了唱戏的大花脸。小脚丫子站在滚热的地皮上，还真烙得有点痛，只好一会儿把左脚掌放在右脚背上，一会儿又把右脚掌放在左脚背上，这会儿口渴肚子饿的感觉全都跑得无影无踪了。我完全被这群小精灵的大合唱陶醉了。

那是我学龄前的最后一个盛夏。我感谢盛夏里那些知了给我的启蒙。

不过，从那以后，我真的再没有听见过知了悦耳的欢叫声。

也许是学校里琅琅的读书声淹没了它悦耳的叫声。

也许是军营里嘹亮的番号声掩盖了它悦耳的叫声。

也许是古城里林立的高楼阻隔了它悦耳的叫声。

也许……

又快到盛夏了，我多么想能见到那时满足过我童年好奇心的知了，能听到给我带来无限童趣、悦耳的知了声啊！

※ 本文刊于《美文》2017年第3期、《海外文摘》2016年第12期、《延河》（下半月刊）2019年第2期

水流自净

/

　　我家门前有条小河，河不大，却很清澈，常年不知疲倦地向那遥远的东方流去。小河两岸长了些许的芦苇，岸上是白茫茫的盐碱地。远远望去，那条小河宛若一条芷青色彩带，飘落在上面，很是好看。

　　小河上有一座青石板桥，河水到此遇阻落差，形成了一个深约一米、直径八到九米的小池塘，近水得到滋润的一棵大柳树枝叶旺盛，枝条长长地垂到了水面。

　　记得我六七岁的时候，总像跟屁虫似的追着洗衣服的妈妈到这里玩。每到天热的时候，我会坐在树下一块油光油光的小石头上，把一双沾满泥土的脏黑脚丫子伸入清凉清凉的池塘，瞅着水底的小泥鳅钻来摆去，小鱼儿水中嬉戏，小虾儿蹦来游去。我突然用脚撩起一串水珠向它们袭去，受到惊吓的泥鳅和小鱼飞快地向芦苇深处逃去，塘边响起了我童年哈哈哈的幸福笑声。妈妈把洗的一笼衣物一股脑儿泡在水中，然后又一件一件捞出来放在石板上用棒槌轻轻地敲打，再用那双辛劳粗糙的手趁着劲地揉搓。不一会儿，原本清清的小水塘一侧，被那农家自染的老土布衣裾下的颜色和汗污搅浑，变成了一条黑紫蓝相间的细丝纱带，随着流淌的河水钻过小石桥，向前漂去。漂着，漂着，还在漂着……越来越淡，越漂越远，消失在我的视野中，最后仅看见远方的溪水，在太阳光的映照下波光粼粼，像无数的小星星一闪一闪，十分迷人。我被水的这种神奇陶醉了，震撼了，不解地问妈妈其中的奥秘。妈妈捧起清清的河水喝了两口，抬起胳膊，用衣袖沾了一下嘴唇，笑着说："傻儿子，水流百步自净呢！"我似懂非懂地琢磨着，嘴里自言自语地不停重复念叨着"水流百步自净"这句话。虽然当初不很明白其深刻内涵，但却深深地烙在了我幼小的心灵，至今记忆犹新。

我慢慢地长大了，逐步理解了小河水高洁清雅，自我净化，永不回头向东流，勇往直前奔大河的高尚品格，懂得了小河的坚定，懂得了小河的远大抱负和宏伟目标，懂得了小河坚韧可曲但永不退缩的宽大情怀。几十年来，妈妈的这句话鞭策激励着我克服了种种磨难，使我从中不断获得巨大的力量和勇气，迈过了人生一个又一个坎坷，给我的军旅和人生带来了灿烂和光辉。

20世纪六七十年代，解放军是有志青年向往崇拜的偶像。我也一样，立志要在解放军这座大熔炉里，把自己锤炼成为一名坚强的军人。1972年秋，我高中毕业了，那年初冬，我终于如愿以偿，高兴地穿上了梦寐以求的绿军装，心里那个高兴劲就别提了。身为校团委委员、班团支部书记的我，凭着优厚的政治条件，一眼被接兵首长看中，分配到了营部通讯班当通讯员。后来我才知道，去接兵的营副教导员和营里的成军医为争我还闹了一段小插曲。部队是谁官大谁说了算呀，成军医只能无奈了。我倒是心里偷着乐。

工作在营首长身边是一种荣耀，我不甘落后，暗暗下定决心，一定要加倍努力，以优异成绩回报领导的关怀。我很快发现，当个好兵，必须做到听话，勤快，吃苦，好学。起初，我严格用这八个字规范自己的言行。班长的脏衣服刚换下来，我会第一个偷偷地帮他洗掉。四川籍战士小郑是文盲，家信来了我念给他听，帮他写回信。每天早上我会第一个悄悄起床整好内务，待大家起床整理内务时，我已经把环境卫生打扫干净了。忙里偷闲我还抓紧看适应当时政治环境要求的书籍，班会讨论时，总是有条有理地说上几句。入伍半年，便被任命为副班长，这在当时全营新兵中是少有的。10月份，我又被营首长推荐到团教导队参加骨干培训班，当时能参加团级骨干培训的班长，多少都有些"干部苗子"的味道。我感觉春风得意马蹄疾，心里乐滋滋的，畅快极了。

　　那个年代，人们把政治生命看得比什么都重要。入党是军人仅次于提干的最高政治荣誉，也是一名合格战士荣耀的最高标志和迫切愿望。如果当了几年兵还没入党就退伍了，那可是很没面子的事，"无颜见江东父老啊！"有的老兵临退伍还没入党，就闹情绪，压床板，装病号，不离队，个别人甚至走向了极端。为此，加入党组织也成了我政治生命中强烈的追求目标。入伍第二年，我从营部通讯班调到四连当班长，有点明升暗降的意思，觉得有些蹊跷，又想毕竟是正儿八经的班长位子，也没有太在意到连队去这回事，还是满怀信心，愉快上岗。我积极向党组织靠拢，坚持每半年向连队党支部递交一份入党申请书，平时工作训练，我处处冲在前面，想方设法把自己这个班带好。几乎月月受表扬，年年获嘉奖。入伍近四年了，同期入伍的许多老乡入了党都要退伍了，可我还站在党组织的大门外。虽然有些迷惑，但我仍然没有懈怠，虽然已超期服役，甚至面临着退伍的考验，我仍然没有松劲。一如既往地忠实履行着班长和军人的神圣职责。唯独期盼的是老天快降高人为我指点迷津，速把我从云雾中带出，使我走向阳光，早日加入党组织。

1976年的春天来得比较晚，3月份的终南山下依然寒气逼人，时不时还会飘下几片雪花。一天，我收到退伍江苏原籍的老班长史虎荣的一封信，他是我入伍后第一任班长，对我关爱有加。信中问到我入党了没有，接下来给我说了两年前发生在二营部的一个重大政治事件。他说有天下午，我给营部全体战士讲《射击学理》，课后不知谁发现黑板上留下了十几个粉笔写下的字，拼凑起来竟是一句反动标语！在那个突出政治的年代，这可是件不得了的事，有人立马报告了营首长，营首长又报告给团首长，团里很快派保卫股唐股长带人到营部破案来了。大家按照保卫股长的"旨意"反复抄写报纸上的一段话，反复查对笔迹，可我傻乎乎地还在揣摸着可能是上级要选调写字好的当文书呢。最后认定那条所谓的"反动标语"中有几个字像我写的，其余几个字是另外一个人写的。不正式立案，但对我要长期观察考验！看到这里，我只觉得头"嗡"的一声，脑子一片空白，继而震惊，冤屈，痛苦，愤怒，绝望，五味杂陈齐涌心头，两行热泪夺眶而出，两手捏着信纸瑟瑟发抖！啊！原来三年多来我头上竟然戴着一顶无形的"政治嫌犯"的帽子！三年多来我所热爱敬仰的组织竟然以怀疑的目光注视着我的一言一行！人生最大的痛苦莫过于蒙冤，莫过于不被人理解，莫过于自己傻干着却无人告诉你内幕和真情，莫过于自己一腔热血换来的结果是不清不白，莫过于这种没有组织结论的结论，使你在这无闻不觉中毁掉青春和前程。不！我是清白的，我不能被这飞来的横祸断送，我要抗争，我要申诉，我要请上级洗清这不白之冤。

一连几个晚上，战友们都进入了梦乡，我在床头打开手电，给总政写申诉书。我祖宗三代对乡邻无仇，与社会无冤，我父亲50年代初就加入了中国共产党，我在高中就任校团委委员，班团支部书记，高中毕业时校长亲自找我谈话，没批准我入党是因为我当时不满十八周岁，从军后加入党组织是我的崇高理想，我没有写"反标"的动机和理由！我写了三十多页纸的申诉信，页页纸上都有我屈辱的泪水。夜半，战友醒来问我怎么了，我谎称"想家了"。

多少个不眠之夜，我辗转反侧，思来想去，郁闷和痛苦笼罩着我，怎么也不能从这魔圈里钻出来。

又是一个晚上，连队熄灯号响过，我悄悄地来到宿舍后的小河边，坐在一块石头上，手中攥着写好的申诉信思索着，寄还是不寄，如一旦寄出，上级派人来核实，当时的营首长早已转业了，既没有证据证明我有政治问题，也没有证据证明我没有政治问题呀！反倒会弄得满城风雨，全连、全营甚至全团官兵都会知道我曾是一位"政治上有问题的嫌疑犯"，再说，哪个单位会把一个政治上有问题还向上级告状的战士留在部队？到年底第一个复员的肯定就是我！那么不申诉了？就这么继续屈辱着，挣扎着，何年何月才是个头哇！我内心就这么纠结着，问天天不应，问地地不灵，问小河，河水只管哗哗地向前奔流着，哪能顾及到我的焦虑与无奈啊！眼盯着河水，我耳畔突然响起妈妈说的"水流百尺自净"那句话，是啊！你看这小河，从秦岭深处流来，一路摧枯拉朽，不畏乱石挡道，把淤泥浊秽统统抛到脑后，压在身底，向着东方，朝着大海坚定地、欢快地奔流而去。想到这里，我长长地嘘了口气，慢慢地划着火柴，点燃了攥得发湿的申诉信，连同屈辱悲愤痛苦一起烧掉！一阵风刮来，卷起了灰烬抛向空中，旋转着，飘舞着，一会儿就在夜幕中消失得无影无踪。我仰望着夜空，这才发现，刚才还能看见的半个月亮早已不知躲到哪里去了，天空布满了乌云。突然，一道明亮的闪电把夜空撕裂成两半，紧接着传来轰隆隆的雷声，狂风挟裹着铜钱般的雨点倾泻而下，暴风雨来了！我站起来，在那风声雨声雷声中，竟情不自禁地从胸中吼出了高尔基那句著名的诗句："让暴风雨来得更猛烈些吧！"

　　水流自净，清者自清。妈妈的话在我耳边不时响起，我如释重负，等凭风浪再起，我将泰然处之，在这种已知考验中，我将更加成熟和坚强。今天的我还是昨天的我，昨天怎么做今天依然怎么做，不改初衷，壮心不移，只会更好。之后，我更加努力了，更加认真了，更加刻苦了。部队政治教育改革，士兵登台演讲，指导员让我讲传统，我查阅资料，备课充分，脱稿八十分钟，官兵听得津津有味，报以热烈掌声。到了当兵的第五个年头，师教导队借调我任射击和战术教员。周六下午法定的党团活动日，我这个全师资历最老的共青团员，自觉准时地去过团日，组织者对我这位"老班长"投来了诧异的目光。我能理解那种眼光，因为我的内心已经非常从容，非常强大了。

　　师教导队领导安排我带战术示范班，在固原县大湾训练场给全师几百名班长做《防御战斗中的步兵班》示范教学，实施前我做了精心准备，把班防御全套战术理论背得滚瓜烂熟。在近三个小时的作业中，我带领一班人理论讲解、动作示范、情况诱导、组织练习、分段施教、连贯演练、评比竞赛、小结讲评。全班弟兄们个个像小老虎一样，动作干脆利索，协调配合一致，不时赢来阵阵喝彩。抗战时期入伍的师首长顾展宏参谋长，临近课目演练结束时，拧开自己的军用水壶盖子，递到我的面前："小尹，喘口气，喝口水。"我赶忙给首长敬了个军礼，说："首长，我不渴。"首长疼爱地望着我说："喝点吧。"此时，泪水伴着汗水模糊了我的双眼。我感受到了首长和战友们的肯定和信任，沉浸在奉献与收获的快乐之中。

五年来，不知经过多少有形和无形的考验，我用实际行动和优异的成绩，向心爱的党组织交上了一份又一份合格的答卷。示范演习后不久，在师首长的授意下，姜副团长到我们连亲自过问我入党的事了，连队党支部当天就让我填写入党志愿书，召开党员大会，全体党员一致通过，没出三天，营党委批准我成为中国共产党党员。投入到了党的怀抱，使我的军旅人生步入到一个新的起点。

　　在新的起点上，我的灵魂像小河水一样得到不断净化。

　　在新的起点上，我又怀念起我家门前那条小河。

为《水流自净》画·何二民／中国美术家协会会员，北海中国画院院长

触摸理想

/

　　我从入伍那天起，能提干当个军官是我的理想。哪怕是让我扫厕所、掏大粪也行。

　　当兵第六年，当我终于成为一名军官，站在排长位子上时，我的理想又变了。当连长成为我新的理想，甚至是内心深处最高的理想。也许是少年时代电影里那些连长的英雄形象感染了我；也许是小说小人书中那些连长的故事熏陶了我；也许是拉练部队路过家门前时，那位挎着小手枪的连长摸我头时在我脑海中留下了记忆；也许是老辈人的口头禅"连长、连长、半个皇上"增强了对我的诱惑；总之，我当连长的理想很强烈！当营长我觉得那个官不上不下没多大意思，当团长当然更神气，更威风，但那是太遥远的事，想都不敢想。

　　那时，当连长真成了我梦寐以求的理想，我憧憬着这个理想，一步步前行着、攀登着，我知道这个过程是漫长的，但总企盼着能早日触摸到这个理想。

　　1979 年，轰轰烈烈的大练兵活动为我能触摸这个理想提供了机遇。年初，与南疆隆隆的枪炮声相呼应，我所在的北方部队轰轰烈烈地展开了以"三打三防"为主要内容的临战训练。我所在的四连三排有幸担负起兰州军区"打飞机打伞降"训练先行试点任务。面对试点任务，我们那时处在无器材、无教材、无场地的窘境。师长孙奎元专程从师部来到我们团，住在团教导队边督阵边编教材，那会儿部队的贯彻力、突击力特别强，编教材、练动作、备器材、建场地同步展开，齐头并进，团队集中力量半个多月在穆家寨建好了一个"三打三防"训练场。团修理所的官兵发挥聪明才智自主研发的抛射器能将五个伞降靶标抛射到空中四五百米的高度。朵朵伞花下悬吊着酷似人体的靶标徐徐而降，人们看上去还真以为敌伞兵从天而降呢！师长亲自主笔将我们排摸索的对空射击各种姿势的动作要领编写成教材。我们排二十八个人更是个个豪情满怀，训练积极性空前高涨，能为大军区级召开的训练现场观摩会充当示范分队并参与其中，那是多大的荣耀呀！

　　那会儿，我当排长与七班战士住一个大房间，每天早上六点多钟我一睁眼，只见战士们床铺上被子叠得有棱有角，收拾得干干净净。不知凌晨几点班长带着全班战士早早到西铁大院的路灯下操练去了！从农村入伍的战士苏稳平、王发营虚心好学，从城里入伍的战士黄西国、党建、徐志也很能吃苦，班长张茂义、魏祖路、李启义等人更是率先垂范。每天战士们对各种射击姿势、射击动作成百上千次地反复练习。新战士入伍才两个月，竟然把崭新的解放胶鞋磨烂了！团首长看在眼里，疼在心里，为我们排每人特批增发了一双胶鞋。两个多月夜以继日的强化训练，全排战士军容严整、军姿端正，队列动作整齐划一，战术动作骁勇利落，立、跪、仰、卧几种姿势射击动作准确定型，特别是射击技能迅速提高，基本上人人做到了弹无虚发。尽管早春的山区依然寒冷，但春意却早已焕发在每个战士的脸上。

兰州军区"三打三防"训练观摩会如期召开，我们排"打飞机打伞降"课目汇报获得领导的一致好评，时任兰州军区副司令员的开国少将陈宏首长在队前对我们排大加赞许。当场决定让我们排赴兰州给军区首长机关做专场汇报，大家闻讯备感自豪啊，甭提有多高兴了！就连平日里总黑唬着脸的王宗仁团长，那几天脸上的皱纹也全舒展开了，我们为团队争得了莫大的荣誉啊！

我们排在团长王宗仁、营长于兆祥率领下，乘坐上级专门调拨的一节闷罐子火车咣咣当当地奔向兰州。在兰州东岗军区靶场，给军区首长机关、驻兰部队、甘肃省及兰州市党政机关连续汇报表演了七场，场场赢得如潮般的掌声。

从兰州返回陇县营区后，上级为我们排记集体二等功，给我和几位表现比较突出的班长战士记三等功，全排大部分战士都得到了连营嘉奖。我任排长刚满十个月，被任命为团司令部作训股副连职参谋。

刚提排长不久便又官升一级任副连参谋，内心还是蛮喜悦的。那会儿思想比较单纯，内心深处感恩之情焕发出来，就是埋头苦干一心一意干好工作，参谋业务一点儿不懂，晚上看教材，看参谋业务书籍学习呗，下部队检查指导训练我不怕，我本身就是从训练场的泥里水里滚出来的嘛。

9月的一天上午，团参谋长张辰把我叫到他的办公室，说道："团党委研究过了，任命你到二连当连长。二连是新建连队，基础比较薄弱，去后一定要打好连队的基础。"这个好消息来得太突然了！我丝毫没有任何思想上、心理上的准备，以致当时的心情马上进入亢奋状态，参谋长后边说了些什么话，压根儿就没有听进去。

自己只是嘴里不停地重复应答着：是！是！说来也是，那个时期部队风气还是很纯正的，上下级关系也很融洽，战士提干全凭过硬的军政素质。提升职务压根儿就没有拉关系请客送礼那一说。

连长在部队战士心目中是一个很有分量使人仰视的职位，是部队中官级最低被尊称为"首长"的职务。称"首长"是白纸黑字印在《内务条令》中的规定。你在部队当参谋、助理员时间再长，资历再老，也没人称呼你为"首长"。一些老领导常讲：一个干部，能当好连长就能当好团长。足以说明连长位子的重要。如果把军队比作长城，连队就是那城墙上的一块砖头。

去连队上任的头天晚上，我失眠了。我失眠并非是因为能触摸到理想的激动。在政治上长达五年的特别考验早已使我的情感世界充满了理性，带领先行班摸爬滚打六年了才提干使我过早地宠辱不惊，睡不着的原因是我想新官上任三把火，思考着先烧哪一把火，怎么烧？好心的战友叮嘱我到新单位要踢好头三脚，我盘算着踢哪三脚，怎么踢？要知道，我那年刚满二十五周岁，连队的老班长与我年龄相当呢！

第二天，连队派副指导员陈锦标和文书小郭来团部接我，拉了一辆小平车，我全部的家当是两个纸箱子，一箱子书，一箱子生活用品，还有那一个两竖三横捆得有棱有角的背包。到了连部，迎接我的是指导员高兴元，他比我入伍早、年龄长，一米八的个头，典型的山东大汉。高指导员把连队情况简要作了介绍，而后便陪着我去团砖厂看正在干活的连队官兵。那年部队搞营建，我们连担负全团最重要的烧砖任务。进得砖厂，只见全连百十号人个个汗流浃背，往来穿梭，有开着机器搅拌泥土做砖的，有背着砖块码垛的，忙得不可开交。

晚饭前，高指导员在队前把我向全连官兵作了介绍。我面前这百十号弟兄和友邻连队官兵相比明显的是军服破烂，脸庞清瘦，只是筋骨显得更硬朗一些。印象最深的还是那百十双望着我的眼睛，那眼神里充满了期待、疑惑……

进得饭堂，只见整整齐齐摆了十三张桌子，十二个班刚好一班一桌，连部一桌，连部桌子右边放了一个直径一米五的大竹笼，竹笼内堆满了包子，左边放了一大盆菜汤。只听见司务长潘学义高声宣布："今晚吃包子，小值日不准拿盆子往班里打，每人一次只准拿一个，吃完再取。"我看到战士们倒是很听话，拿着包子边吃边往座位上走，没走到座位上包子吃完了，又得回去取包子。战士吃包子有点像饿虎吃鸡，那不叫吃，是三口两口往肚子里吞啊！年轻人饭量大，每人一顿吃八九个包子是普遍的，这百十号人在偌大个饭堂竟没有一个人坐下，全部是你来我往，边走边吃啊！那场面看起来可谓壮观有趣！只不过当时我内心深处却是充满了酸溜溜的感觉。

晚上连队召开军人委员会，征求士兵代表对连队建设的意见建议，大家反映最多的是伙食差，吃不饱。是啊！人活在世上，什么都好哄，唯独难哄骗的是自己的肚子，"民以食为天"嘛。

第二天一早，我便到炊事班去查看，啊！蒸馒头的笼屉架了十一层，底下一笼屉蒸熟了，顶上一笼屉还没热呢！炊事员只好把下面一笼屉换到上面，蒸一锅馒头要换好几次。真是难为炊事班的同志们了。

司务长潘学义也是满肚子的委屈。连队是刚扩编组建的新连队，基本没有家底子，账面上只结余千把块钱，每人每天粮食是一斤半，外加二两补助，总共一斤七两主食，根本不够吃呀！好在这个司务长脚勤手紧，抠下了一桶三百六十斤的菜油在仓库放着呢！

　　真没想到，我这个二十五岁的连长，走马上任迎面遇到的最大难题竟然是吃饭问题。我有充足的理由相信我的士兵具有不怕苦甚至不怕死的精神，他们一顿不吃饭一天不吃饭照样能完成任务，士兵有这样的特质，部队有这样的传统。但话又说回来，人是铁饭是钢，一顿不吃饿得慌呀！嘴上喊两句豪言壮语哄哄领导容易，吃不饱饭却哄不了自己的肚子，到时候腿脚也不会听使唤的。更何况一个连饭都吃不饱的连队，是没资格谈凝聚力战斗力的。

　　让全连官兵吃饱饭成了我当连长后的头等大事，我的第一脚只能也只有从这里踢起。上任前自己设想的宏伟计划只能束之高阁了。我广泛征求官兵解决这个问题的意见，还亲自到附近的生产队老农那里去请教取经。我甚至还思考到为什么农村人饭量大城里人饭量小的原因，最后终于把这个复杂的问题归结为简单的两句话：战士体力消耗过大，饭菜油水太少。前者是任务显然无法改变，只有在后者上想办法动脑子加以改变了。我使出的第一招应该是应急的，先给士兵肚子里增加油水。我令司务长派人到街上去买大肉，一次买两头猪四扇子，相当于批发，比每天割几斤肉便宜多了，再买几十斤猪板油，炒菜用猪油炒，把库存的菜籽油每顿饭都煎了三斤，倒在一大锅玉米糊里，撒点盐。哎呀！战士们喝得可香了。开始，司务长对我的做法颇有微词：这要不了几天，连队微薄的家底就踢踢光了?！我也知道这是一步险棋，但别无他法呀！而且我相信只有这样做才能遏制住主食狂超的势头！所以，斩钉截铁地撂下一句话：一个月内把伙食办不好，扣下我的全部工资补贴给连队。好在高指导员很支持我的决策。你别说，这一招还真奏效了，三天后，炊事班蒸馒头的屉子再不往上增加了，一个礼拜后，眼看着蒸笼屉子一层一层地在减少了。

第二招，组织连队给北坡第三生产队干几次抢收抢种的活，给孤寡老人挑水，扫扫院子，请生产队长来连队吃一顿，喝点酒，席间请生产队长借给连队五亩地。生产队长很理解我们的难处，立马答应了我们的要求。这样，连队把五亩地给每班划分了一块，课余时间各班排去种菜，战士们八仙过海各显神通，种的萝卜、白菜、茄子、西红柿、黄瓜不但品种繁多，而且长势良好。第三招，用节省下来的伙食费去买猪，连队养猪从开始的三头猪发展到十五六头，陕北籍入伍的战士任世雄是个高中毕业生，主动要求去养猪，团队专题宣传报道了他"养好猪也出战斗力"的先进事迹。第四招，连队自己磨豆腐，腌小菜，小菜品种达到二十五六种之多。几个月下来，连队伙食费日渐结余。在此基础上我们规定：周三小会餐，周六大会餐。我们连饭堂西边是一连饭堂，东边是九连饭堂，我们连饭堂每到会餐时飘散出的香味，常常引诱得兄弟连队官兵投来羡慕的眼光。我们的士兵确实很可爱，你只要让大家心情舒畅，吃饱吃好，再苦大家都不会叫苦，再累大家都会按时完成任务。

记得有天早上临开饭前，连队门前来了两辆北京吉普车，中间夹着一辆伏尔加小轿车，一看就知道来大官了。头辆吉普车下来的是赵栓龙团长，中间小轿车上下来一位身材魁梧、满面红光、穿着笔挺军装的首长，我和指导员跑步上前立正敬礼，团长说道：这是刘军长，今天专门从军部来我们团吃碰饭，首长就在你们连吃早饭了，快去安排一下。"是！"我们俩应声答道。刘凌军长是抗战时期入伍的老前辈，平时部队官兵难得见上一面，今天竟然与我们共进早餐，我心里着实很激动！激动归激动，但我对连队的饭菜心里有底并不紧张，那会儿我们连的伙食在全团是数一数二的。这不，炊事班几分钟忙碌过后，桌面上摆了十二道小菜，有咸鸭蛋、肉末雪里蕻、糖醋脆黄瓜、香辣萝卜丝、黄豆酱……小白馒头蒸得光亮筋道，刘军长一连吃了三个。看到此情景，赵团长甚是满意，露出一脸的荣光，我和指导员心里乐滋滋的，全连战士甭提有多么高兴多么自豪了！当兵几年见到这么大的官而且和首长共进早餐，真是三生有幸啊！用餐完毕，刘军长掏出手绢把嘴一抹，对我说道："小连长啊！你们早餐十多个菜全是咸菜啊！小馒头太白了！要知道麦子营养都在麸皮里头呢！稀饭也是大米熬的，要多吃豆子啊！豆类是刮肠子油水的！"首长一席话，说得我一头雾水！便不知所措机械地回应道："是！是！"心里却犯嘀咕：您这是在夸我们呢还是训我们呢？麸皮有营养六〇医院的病号怎么不吃呢？我好不容易给士兵肚子补充了点油水，用得着吃豆类往外刮吗？！刮油水是你们这些挺着大肚子的军长、师长、团长的事，关我们屁事！看来军委让军长师长们到连队吃碰饭，理解士兵疾苦太有必要了。和平时期，多少高级干部已经不知道基层官兵的现状了。事后我曾悄悄问过团长："首长是批评我们呢还是夸奖我们呢？"团长只回答了一句："你们连伙食很好！"听到这句话，我悬着的心才放下了。连队，真是连长触摸理想的一片沃土啊！

军队中，带"长"的军官，哪个不曾想队前一站，振臂一挥众人响应啊！要拥有这样的影响力、控制力，你必须在士兵心中有位置。换句话说你得占领士兵的心灵高地。这就要求我们连长带兵要知兵，知兵要知心。全连一百二十五个人，你必须对每个战士家住何方，家庭成员，生活状况，婚恋与否，性格特点，入伍动机，有何特长，现实表现这些基本情况了如指掌；你还要做到善于抓两头，带中间，在全连树几个标杆，使全连官兵学有榜样赶有目标；尤其要善于化消极因素为积极因素，处理好那些棘手问题。我任连长不到一年，这些条件基本做到了。记得时任师政治部干部科科长的刘巨魁那年来我们连蹲点，专门考核我这些问题，事后对我对答如流大加赞赏，以至于几十年后还是念念不忘。

记得有天晚上我带着连队去团队看电影，七点十分带到，七点三十分准时开演，全连除去站岗值勤的共去了一百一十七人，三人一伍，共三十九列。电影开映刚十分钟，我便猫着腰从第一排起逐排检查人员是否在位，有没有人中途开小差的，检查到最后一排，果然发现空着个凳子，便悄声问邻座的战士，了解到是文书小范，已经出去五六分钟了，我便给另外一位战士交代，待小范一回来落座，你佯装上厕所到前排向我报告。

我回到座位上，银幕上的故事情节全然没有引起我的兴趣，我在揣摩着这个小范干什么去了。小范的基本情况我是了解的，老家在甘肃省镇原县农村，从小父母双亡，入伍前上学生活等方面全靠生产队救济，是吃着百家饭穿着百家衣长大的苦孩子，好在学习刻苦，写得一手好字，所以才选调到连部当文书。他入伍的最大愿望就是想为自己找对象成家增添点资本。莫非是他交上女朋友了？想到这里，我心头一沉。我们这个军队一辈一辈流传下来的说法中有三大耻辱，一是打仗当逃兵，二是乱搞男女关系，三是小偷小摸。这三个问题若是发生在哪个连队，这个连队当年评先进便是没门了。后两条若发生在哪个战士身上，情节严重者部队给予遣送回家。想到这里，我这个当连长的心头能不沉重吗？我平常喜欢看福尔摩斯探案故事，遇事喜欢分析推理，我开始假设小范是怎么瞒着团部后门上的哨兵出去的？会在什么地方与一个什么样的女孩交往？女孩家长是否知情？黑灯瞎火的他俩会躲到什么地方？团部的周围建筑物我太熟悉了，不外乎那几个地方呗。正琢磨着，后边那位战士猫着腰到我身边耳语道："小范回来了。"我点了点头。没过五分钟电影放映结束了，这个小范呀！时间倒是把握得真好。连队讲究发生问题不过夜。回到连里，我立马把小范叫到我的办公室兼宿舍里。"连长有什么事？"小范问。"你坐下，先喝口水。"我说道。这时，从眼神里我看到小范开始忐忑了。"我给你讲个故事吧。"我又补充道。对付这么个聪明的战士我决定采用一种新的方式，先入为主，攻破他的心理防线！我娓娓道来："有这么一个青年，家境贫寒，父母早亡……""连长，您是在说我吧？"小范腾地站起来问。"你坐好！别着急，听我慢慢说。"我稍微停顿了一下，继续说道，"他好不容易参军来到部队，工作干得蛮好的，只是不遵守部队纪律，认识了陇县城里一位姑娘……"此时我看见小范两手微微发抖，额头上已沁出了些许细密的汗珠子。他那惊恐的眼神告诉我，他估摸着我一直跟在他身后，看见了与女友约会的全部过程。他再也坐不住了，站起来低着头说："连长，我错了！""那后边的故事你接着讲！我的性格你知道，我允许人犯错误，更欢迎人改正错误。但绝不允许人讲假话！"我加重语气又补充了一句。接下来，小范如泣如诉地忏悔着他与地方女青年交往的过程，我在验证自己推理的那些情节是否符合实际。

一位连长对连队的控制力，往往就体现在大家都认为你不会检查的时候你去检查了；不会出现你的地方你却在那里出现了；他认为你不会知道的事情你却知道了。对这样的连长，战士是敬畏的。

一位连长在连队的公信力，往往是建立在战士们既爱你又怕你，执行你的号令一半是守纪式的服从一半是感恩式的回报。对这样的连长，战士是信赖的。

一位连长对连队的驾驭力，往往不在于你发现了多少问题，也不在于这些问题是否棘手，而在于你是怎么既坚持了原则又给予人性化的处置。

　　小范是如实承认了自己的错误。我和指导员却犯难了。按规定办？报上级给处分遣送回家？他就没有家呀！再说，这样的处理倒是符合规定，但是却把这个小伙子给毁了。为了稳妥起见，高指导员就此事专门到陇县城里找到女孩的父母，告知事情原委，申明了部队规定，听了女孩及她父母的想法。结果这家人对小范印象还蛮好，而且他们只有这一个女儿，很希望小范能上门当女婿。指导员回到连队把情况给我说后，我俩一合计，一不给上级报告此事了，二给小范约法三章，立即停止与女孩交往，免于被处分；若再交往，立马遣送回家；待到年底退伍后，方可落户女方家当上门女婿。我俩的这个决定，让小范感动得涕泪直流，表示坚决照办。女孩家人表示满意，而且非常感谢我们实事求是处理问题的一片好心。到了年底老兵退伍，小范还真当上了上门女婿。

　　棘手问题，是连长触摸理想时横在面前的一道坎，一旦跨过去，领导水平就提升一步。

　　一天午饭后，太阳从窗外斜着照到我的床上，房间里显得暖融融的，我正想拉开被子小睡一会儿，通信员小陈呈上来一份营部转发的通知，下周末全团要组织建制连队歌咏比赛。

　　看见"歌咏比赛"几个字，我眼睛一亮，精神为之一振。要知道，我当连长走马上任已三个多月了，连队伙食得到了极大的改善，官兵再不为吃不饱饭提意见发牢骚了；烧砖任务超额完成，部队管控井然有序；作为一连之长我正琢磨着在任上如何为连队创造些荣誉呢。说到创造荣誉，那得要有机会呀！和平时期，这样的机会太少了。参加抢险救灾是个机会，可部队驻地陇县这个地方，千百年来民间流传的是"陇州陇州，十年九收"，风调雨顺，无灾可言。不过我从心底里想，宁可没有抢险的机会，也不能让老百姓受灾受难呀！军事项目比武竞赛是个机会，但那是师团级以上单位组织的活动，不是谁想竞争就竞争的。平时，团机关倒是经常组织篮球、乒乓球、拔河等一些体育项目的比赛，但那都是一些"小儿科"项目，赢了也没多大意思。团首长机关友邻单位看一个连队有无凝聚力战斗力、作风硬不硬、风气正不正，往往就从这个连队的歌声里作出基本的判断。想到这里，我立马到高指导员房间商议：我们连要借此机会，把全连官兵的心凝在一起，把全连争第一的劲鼓起来，把这份荣誉为连队争到手！

当天晚饭后，我们按照部队的传统做法，召开了军人大会，由指导员传达任务，统一思想，明确目标，提出要求。团里统一规定参赛人员为每连一百一十人，我们连十多个人要留下来。指导员平静地对大家说，哪位同志不便或不想参加可举手申请。当场就有十多个同志举起了手。这种情况是我始料不及的！关键时候竟然有人往后缩，这还得了！部队最讲究的就是养兵千日用兵一时……我强压住内心的恼火，先让刚才举手的十多名战士坐到一边，接着围绕着"假如歌咏比赛是战场"开始了我的补充动员讲话，直讲得这十多名战士如坐针毡，纷纷举手要求参加。看到这种情况，我说道：你们申请不参加，我有权批准你们！现在你们又要参加，那得问问大伙同意不同意，再说，把谁换下来就不是我说了算啦！没想到会后这些同志竟然扎破手指头按着血指印来到连部送决心书要求参赛了！

大家参赛的积极性到了如此程度，接下来就是要缜密地准备了。我要求每个人把歌词背得滚瓜烂熟，并从驻地中学请来音乐老师教唱，音调要准呀！而且要求每个战士要会独唱；继而组织班与班比，排与排比，最终确定了参赛人员。赛前，理发员给大家理了发，大家都换上了平时舍不得穿的新军装，就连解放胶鞋鞋带的系法，全连也是统一的。临行前，我用几句话作了动员："我不是希望，而是相信大家一定会把第一的锦旗为连队扛回来！我相信大家会为此而努力，努力的标准是，明天说话听自己音调变了没有！"我真是把话说绝了，顿时似乎能听到队列中战士们把拳头握得吱吱的响声和急促的呼吸声。那阵势真是大有气吞山河，志在必得之势啊！我带着这一百一十名小老虎般的战士进了团部大院，我能听见我们连行进队伍脚下呼呼生风，摆臂嚓嚓的整齐，喊一声番号真是声震九天，余音在团部院内久久回荡。

轮到我们连上场了。指导员亲自指挥，随着他戴白手套的双手挥起，战士们一开口犹如炮弹出膛，更像炸雷从头顶滚过，团首长和评委们霎时瞪大了眼睛竖起了耳朵；随着指导员手势一收，歌声戛然而止，我似乎听见了礼堂顶棚上灰尘唰唰落地的声音，兄弟连队的战友也情不自禁地为我们连队出色的表演鼓起了掌。

令我心疼的是第二天，有六位战士因嗓子急性发炎而住了院，大部分战士的嗓音都沙哑了。

令全连官兵欣慰并引以为豪的是我们为连队扛回了那面全团"歌咏比赛第一名"的锦旗。

荣誉，是连长触摸理想的"倍增器"，争到的越多，理想的含金量就越高。

连长有本事是连长的理想，从连长身上学到本事是战士的理想。第二年连队担负全训任务，又一次为我触摸理想提供了机遇。

连长要有各种本事，最主要最本质的还是要有军事技术过硬的本事。射击、投弹、刺杀、爆破与土工作业号称步兵"五大技术"，这五大技术若很过硬，便是你的本事。

五大技术最被大家看重的是射击。营长在全营军人大会上公开讲，哪个连队射击打了优秀，他到连队去祝贺！哪个连队要是不及格，不准从营院正门回来。连长要带着你那个连悄悄地从后门溜进来。说到军事训练，刚好是我的强项，上级就看上我军事技术过硬才把我提升为干部并很快放到连长位子上的。

我们在陇县县城的河道里插上几副靶子，全连战士顶着凛冽的寒风，卧倒在河滩里练射击。我在组织连队训练时始终认为，有些事你做到了，并不一定就能理解它，只有理解了的东西，你才有可能做得更好。就说这射击吧，操枪是基础，瞄准是核心，击发是关键。牢靠稳固地操枪，正确一致地瞄准，均匀果断地击发，三者有机地结合，是准确射击的基础。这些动作要领，我要求大家熟记于心，在训练中要慢慢体会摸索。战士们很有创造力，在训练中也提炼出许多动人的顺口溜，如"左眼闭，右眼睁，通过缺口看准星，三点成一线，指向瞄准点"等等。

射击训练又是个细心活，有时显得很枯燥，二十岁左右的小伙子，正是处在激情燃烧和好动的年龄，在土地上一趴就是几个小时，个别人思想上难免会"开小差"。这不，五班的机枪手小昌，远看他趴在那里握着枪，但仔细看他，眼睛视线却透过准星缺口瞄向了在河岸上行走的大姑娘。这一瞄不要紧，身体也起反应了，下面硬邦邦地顶在地上怪难受，便索性用小洋锹在身子底下悄悄挖了个小坑，有了小坑趴在那里自然舒服多了。不料这个小动作被眼尖的熊宏班长发现了。熊宏班长立马叫小昌起立，到旁边搬了一块圆石头放在刚才他挖的那个小坑里，美其名曰：这叫硬碰硬！甭提小昌趴在那里多难受了，谁还敢在训练中走神打马虎眼啊！

那天连队要正式实弹射击了，条件是卧姿有依托对一百米距离上的胸环靶射击，每人八发弹五次射击机会，三个单发两次点射，三十五环以上为及格，四十环以上为良好，四十五环以上为优秀。全连一切准备停当拉开阵势准备正式射击时，我走到队前，操起一杆枪，压了五发弹，立姿无依托，瞄准靶标连开五枪。"把靶子扛过来！"我命令担负靶场勤务的士兵。靶勤扛起靶子一溜小跑来到队前，把靶子给全连看，嚯！九九不离十呀！五发全命中，共四十七环，高级优秀！"大家看清了吧？"我问道。队里响起一片掌声，齐声回答："看清了！"从全连官兵的神情中，我看到了大家对我的佩服与信赖，内心充满了无比的自豪。"请大家不要慌，按我平时教的要领把动作做好，就一定能取得好成绩！"我鼓励大家。因为大家是卧姿有依托射击，枪比较稳，我是立姿无依托射击，难度大多了。

射击结束后，全连成绩总计优秀。我们又一次触摸到了自己的理想。

本事，是连长触摸理想的本钱，没有真本事，理想永远都只能是理想。

写给岳母

/

　　岳母去世整整二十一年了。我一直想用一段文字，记录下我们的母子深情。过去由于军务繁忙耽搁了下来，现在则是因为小孙子绕膝嬉戏，静不下心来。其实，这些都不是理由。

　　在我的潜意识里，我的岳母就没有死，她的音容时常展现在我的面前。目睹家中的每一件物品，处处都能显现出岳母那熟悉的身影，以及万籁俱寂时我们母子在心灵深处的对话。

　　20世纪50年代初，岳母为了生计，随岳父从湖北黄陂来到关中那个小镇栖身度日。不料刚到这人生地不熟的异乡，岳父便得了"痨"病，卧床不起。在那个缺医少药、生活艰难的年代，邻里乡亲自顾不暇，谁也帮不了她。寒冬腊月，岳母一手牵着刚满周岁的儿子，一手拎着一篮子脏衣服，挺着大肚子，顶着凛冽的寒风到那刺骨的河水中帮人洗衣服。洗一件衣服挣五分钱。一家三口半人，全靠她每天帮人洗衣服挣来的钱维持生计。

　　翌年初夏，岳母的宝贝女儿来到世上，这个女儿后来成为我的妻子。女儿到来带给这个家庭的一点欢乐迅即被更大的艰难淹没了。岳父依旧病在床上，岳母却无法再出门挣钱了。她不想失去丈夫，更不愿舍弃宝贝女儿，索性用自己吃糠咽菜生成的一只奶水疗养丈夫，另一只奶水养活女儿。后来妻子常为自己只长了一米五六的个头而戏言岳母当年没给她喂足够的奶水呢！岳母硬是靠坚强的毅力和那清瘦的身体，救活了丈夫，养活着儿女，撑起了家中那片天地。

岳母前半生是从苦水中蹚过来的。这使她对快乐有自己独到的理解和享用。她渴望快乐，但得到快乐时却不吝惜快乐。这是她的品格。她常常把自己得到的一点快乐与大家一同分享。我每年探亲时送给岳母那些名酒好茶和南方人喜欢吃的甜点，她会一股脑儿摆到自己庭院的方桌上，请来左邻右舍共同品尝，看似有点张扬，实属真正的善良，而且不止一两次，一直是这样。

岳母在左邻右舍心目中是个善良人、好人。熟人从门前经过，她总是热情打招呼，请人家进屋喝口水。谁遇到不开心的事，总愿意找她倾诉。平日里，谁要遇到难处，她总是热情主动出手相帮。身处异乡，她却没有异乡感，与邻里关系处得很融洽。大家总是把她当作知心人。

我每年探亲都会去看望岳母。刚进门，岳母总是急呼呼地到厨房给我煮碗香喷喷的挂面，细细的面丝下面，总少不了卧着两三个荷包蛋呢。道别时，她准会把我看望她花的钱加倍地硬塞进我的衣兜里。我知道这是她疼爱女儿的一片真情，也是处事的一种方式。

我是在连长的职位上与妻子成婚的。婚后第二年便有了儿子，夫妻一直两地分居，天各一方。岳母是明大理的，尽管她不识字。为了支持我在部队工作，岳母毅然决然地搬到工厂分给妻子的十几平方米的简易楼里来住，帮妻子照看孩子。说是简易楼，其实更像隔成若干个房间的简易工棚，顶上的楼板不足十厘米厚，公厕在几百米外，生活很不方便。最熬煎的是冬夏两季，冬天无取暖设施，室内冷若冰窟，夜间大人小孩解得小便于盆中，早晨起来一看，早已冻成冰块，倒都倒不出来。每到夏天，室内又热似火炉，温度比室外还高。有年夏天，我休假热得中了暑不说，小儿子热得半躺在水盆里，硬是拽不起来。在这样的条件下，岳母一住就是十年，也帮扶了我这个小家十年。这就是我那不识字的岳母，她对生活却是异常地明白，使我能够没有后顾之忧地在部队集中精力干工作，带部队，成长进步，从连长干到团长的职位上。

1992年，岳母身体不适，到医院检查确诊为肺癌且病灶位置不好，若要做手术，预后不好还需数十万元手术费用。我们子女那会儿没那么多积蓄，但还是决心要借钱为岳母治疗。岳母却断然拒绝了手术，不容商量地采取保守治疗。她不愿因自己治病的高费用拖垮了儿女两个小家庭啊！她以缩短自己的生命为代价，换取并保全着儿女孙辈们的幸福生活啊！岳母的无私，达到了在死神面前无畏的程度，她的境界超出了我的想象。岳母选择这样的决定无疑是一个壮举。由此，我联想到战场上那些舍身杀敌护友的英雄。这个壮举真是惊天地、泣鬼神啊！世上还有比这母爱更无私更无畏更伟大更高尚的爱吗？这个壮举让我终身抱愧。每每忆起，无不潸然泪下，敬由心生。

我常深思，我的妻子之所以贤惠，是因为我有一位贤明的岳母。因那言传身教、耳濡目染的熏陶作用，是其他任何人和任何教育方式都无法企及的。一位贤明的岳母不一定就能带出一位贤惠的妻子，但一位贤惠的妻子身后必定有一位贤明的岳母。这是我一贯的看法。以至后来，我总是提醒热恋的小伙子：想找一位贤惠的女朋友吗？那就先下功夫了解了解准岳母吧！

多少年来，每当我从街上买到上好的甜点拿到家中，每当全家人逢年过节围坐在丰盛的餐桌周围，我才真的意识到岳母确实死了，是真的！她再也尝不到我为她买的甜点和女儿为她做的美味了。

岳母是个平凡人。在她平凡的身上却有着许多闪光点，这些闪光点汇集成光芒照亮了我的人生之路，并将一直照耀着。

※ 本文刊于《读者》2016 年第 3 期、《美文》2017 年第 3 期、《散文选刊·下半月》2016 年第 9 期、《金秋》2016 年第 5 期、《老战士》2016 年第 1 期、《西安晚报》2019 年 3 月 12 日，并收入山西人民出版社《中国妈妈蓝皮书》一书

平凡 年轻时的岳母常眉圆争的儿子挑着大肚工顶眉凉湖
的寒风在河水中锤人洗衣服一件五角钱大侍的送来维持家
庭的生计照顾病中丈夫扶养儿女平凡而伟大真觉之善良
丙申春何人民尸武平将军宫给岳母而作之东方神

乙未之痛

我在忐忑、惆怅、悲痛中度过了羊年春节。

年前，我与夫人携着小孙子，早早地从古城来到南方这座景色秀丽、气候宜人的城市，准备在这里过年。但这里秀丽的景色没能消散我心中的忐忑，宜人的气候也难以抹去我心中的惆怅。

因为我知道，我敬重的老首长刘冬冬上将，您此时正在千里之外的京城三〇一医院，与病魔进行着殊死的抗争。

我从不信神，但我相信人有灵感，更坚信人有灵魂。一天晚饭后，我在小区花园散步，虽已能闻到越来越浓的年味，却怎么也无心欣赏流岚、霓虹。顺便坐在小道边的椅子上，仰首观起满天的繁星，好像所有的星星都向我眨眼，似乎有什么话要与我说。忽然，我找到了最亮也是我平日最喜欢的那一颗，它不像群星那样向我眨眼，是亮亮地、直直地盯着我。我正纳闷，它却瞬间消失了，便无心观夜景，只好悻悻地回家去了。夜已很深了，我却怎么也难以入眠，索性又捧起平凹先生的散文集阅读起来，目光在字里行间穿行，思绪却不知道游荡到何处去了。子夜，手机"叮"一声铃响，友人一条短信映入眼帘："冬冬首长已处弥留之际！"啊！我的头发一下竖了起来，随即拨通了远在西安的巨魁政委的电话，告知了这一重大情况，当即约定各自在驻地乘最早的航班飞北京，也顾不得医院的规定，亲属的婉拒了，无论如何我也要见首长一面啊！

伴随着飞机的轰鸣声，我的思绪飞回到二十多年前，往事一幕一幕在我的脑海中回放。初次认识您，是我在团长的职位上。您那时任兰州军区政治部副主任，陪同总政一行首长来团队调研。那天听完汇报遂到团队文化活动中心检查，一行人行进在文化活动中心的长廊间，谁在前谁在后是按照部队约定俗成的谁官大谁官小来排序的，我们团长、政委自然要谦卑排后了。不料此时您轻轻推了我一把，示意我和政委到前面陪同在总政首长左右。我当时先是一惊诧，继而便很快地明白了许多。那轻轻一推，使我明白了那是工作需要，方便回答首长的提问或是主动介绍情况，还使我明白了身居高位的您对基层官兵的尊重，任何情况下都要把部队建设放在第一位，更使我明白了什么叫高尚。试想那些把个人地位、名利看得很重的大官，在这种场合，巴不得众人推他贴近在首长身边呢！那轻轻的一推，也许多数人能做到，只是想不到。以至于几十年来，我淡忘了其他重要情节，却记住了那轻轻的一推，记住了那一推，记住了一位高尚的人。

第二次见到您，是我在特种大队大队长的职务上。您那时刚到集团军任政委，下部队调研，首选特种大队。我看到正式通知上有几条硬性要求：不迎送、不摆酒、不照相、不上高档菜……真是人未到，一股清爽的廉洁自律之风先吹进了军营。其他要求我们都做到了，唯"不照相"我们违"规"了。事情的原委是这样，当时部队团级单位几乎没有摄像机，照相机也很少。特种大队就不一样了，编制有专业的照相侦察分队。摄像、照相是一门专业，战时还要秘密地甚或冒着枪林弹雨把前方敌情通过影像传回指挥所呢，所以，那天首长在办公楼前刚一下车，一帮战士扛着"长枪短炮"围上来喊里喀嚓便摄影照相，您当即面带怒色，我见状马上给您解释这是大队一项专业，也是抓机会训练，云云。您这才慢慢退去愠色，但仍半开玩笑半认真地说："你们以后还是不要把我作为训练对象吧！"

听完汇报后，便去看连队，看设施。当在生活服务中心看到战士们自己做豆腐供应连队，您很高兴，停在白花花的豆腐渣旁边，若有所思的一抹让人不易察觉的情感从您脸上飘过，"武平，晚餐能不能加个豆腐渣呀？"我听后一愣，随即答道："好！"我想，这豆腐渣里肯定有什么情结。席间，您说："我们现在官兵生活好了，但不能丢掉艰苦奋斗的精神！1960年前后，我也是吃糠咽菜活过来的，那时，豆腐渣是维持生命的最好食物了。"是啊！我记得那一段经历，半锅野菜，依稀可见几粒豆渣。也就是从那一刻起，我知道了您从哪里来，要到哪里去，更知道您要带领这支部队到哪里去。

饭后，我和文战政委到您的房间小坐。其实，当时我俩正在为给您送个什么小礼品而纠结、犯愁呢。送贵一点的吧，大队经费很紧张，便宜一点的吧，又表达不了我们的心意。您好像猜透了我俩的心事，用缓缓的语气，娓娓道来一桩往事。大意是：集团军有位团职干部，您在军区政治部工作时，曾给他帮忙办过一件事，严格地讲，是政策范围内的事，也是您履行了一下工作职责。您到集团军工作后，他们夫妇来看您，拿了条金项链，您坚决不收，他执意要给，推来搡去把您推倒在沙发上，把腰扭了，动弹不得。当晚您住进了解放军宝鸡第三医院，第二天让秘书硬是把金项链退了。末了您说："送礼之风开始刮到部队了，我们各级干部都要经得住考验啊！真正要顶住这股风，那是要付出代价的！"我俩听后，既感到释然又感到羞愧。释然的是我们不用送礼品了，带好部队就是对首长最大的支持和尊重。羞愧的是，在如此纯粹的人面前，我们的灵魂竟显得如此不干净！

记得那年我从俄罗斯留学归来，通过学习考察俄罗斯军队建设情况，结合我军建设现状作了对比分析，形成了自己的一些思考，写了份赴俄留学考察情况报告。您当时已任兰州军区政委，审阅机关呈送您的报告后批示：我认真看过这份情况汇报，很受启发。尹武平同志赴俄留学时间不长，但广猎信息，勤于思考，学习刻苦，成绩优异。其学习精神和学习方法值得大力提倡。提出的五条收获及启示，层次高，质量高，针对性强，机关有关部门认真研究，以人之长，补己之短，拿出提高军区部队建设质量的办法。政治部将此件转报总政。这种广纳贤言、乐听基层官兵心声的态度与工作精神，使我永生难忘。这不仅是对我学习成果的肯定与支持，更体现出您对我军建设的期望与担当。军区将这份"报告"在《军事工作简报》上发了专刊，供师以上领导参阅，曾引起较大的反响，对于军官更新观念，实打实抓好作战准备，大力克服形式主义起到了一定的推动作用。

红军师"金刚钻"团是您当年挂钩的抓基层帮建单位。记得那年您和机关的同志到该团蹲点帮建，看到连队官兵的心得体会贴在墙上，您当时就问我们："这有人看吗?!"从此，我们师把克服形式主义作为一个时期的重要工作，举一反三治虚治假。引导官兵把心思实打实地用在准备打仗上。当您看到该团战士宿舍楼只有一楼有厕所，住楼上的战士夜间因上厕所而着凉感冒病号较多，团队欲给每层楼增设厕所，方便战士，而经费不足时，当即指示营房部赵新社副部长想办法调剂解决。带兵要爱兵这是您始终如一的风格。这种风格您坚持了几十年，也感染影响了我几十年。

我退休后闲来无事，在炳仁政委的鼓励下玩起了微信。职业军人的敏感立马让我意识到微信是一方巨大的阵地，先进的、有益于社会进步的文化不去占领，消极的、腐蚀社会健康肌体的毒菌必然会侵入，我何不把自己人生的经验、教训、感悟写成散文在微信上发表，为社会提供一些正能量呢！于是，我动笔了。当您看到我的几篇散文，当即给我来信："武平你好！看到你写的三首诗及散文既高兴又惭愧，高兴的是你竟然有如此文学天赋，惭愧的是相交多年我竟然不知道你会写散文和诗。坚持下去，必有所成。希望过不多久就能看到你的散文、诗集问世，到时候别忘了给老战友寄一本哦！"看见您的回信我甚为感动，我对您说：我写散文是为了感悟人生，抒情励志也是对自己人生进行一次梳理和交代，绝不出书。因为从我内心深处对领导出书推销自己赚取金钱有一种强烈的抵触。并请您一定要重视和保重身体。您又给我回信说："谢谢武平，你也要多保重。不要说绝对不出书，时机成熟了，水到渠成。那不是以你的意志为转移的。"现在看来，您还是站得高，看得远，说得准啊！我的散文在微信朋友圈发表后，引起了大家的共鸣，点赞，许多首长友人也鼓励我结集成册。我原本就有从自己一生的积蓄中拿出一点钱做点善事的打算，现在自费出书赠予他人，让更多的人从我人生经验、教训中受点启示，从中励志，少走弯路不是更好吗。

去年8月，您大病痊愈一年多了，我打电话给您，想询问一下身体恢复得如何。您说您在西藏，参加全国人大外事委员会安排的一次考察活动。我听后为之大喜，知道您身体恢复得很好，但瞬间担忧便笼罩在心头，那可是高原地区啊！您在电话那端告诉我：这次进藏考察，就是想再检验一下自己的身体状况，再说，这也是一项工作任务呀！我听后只好提醒您：高原自然气候条件对身体是一种软杀伤！要尽早回来。果不其然回来后，您的身体每况愈下，再次出现问题，动了大手术，以致无法进行正常的化疗……

"首长，您不舒服？"空姐一声温存的询问，切断了我的思绪。"没有、没……"我有点局促不安，语无伦次。"那您……"当我看清她为我送上的是热毛巾时，才下意识地知道泪水挂在了自己的腮帮上。唉！这不争气的眼泪呀！现在流点没关系，见了首长可不能掉眼泪呀！因为我在您印象中是一条军中硬汉，况且您是不喜欢眼泪的。我心想。

出了首都机场，急匆匆乘车直奔三〇一医院，周凌在住院部楼下电梯口，把我迎了上去，神情沉重地悄声告诉我："专家说估计还能坚持几天，已经准备后事了。"我的心猛地一缩，有点刺痛！

进得病房，我惊愕了！您竟然端正地坐在病床边的单人沙发上，宽宽的额头，前庭依然是那样饱满，两眼依然是那样炯炯有神，半张着嘴巴，短促、艰难地喘着微弱的气息。"谢、谢，武、平，问你……全……家……好！"您和我两双手紧紧地扣在了一起。"你……也……要……多……保重！"您一字一顿，艰难地、断续地吐出了那两句话。首长您吃苦了！您不要再讲话了。我如鲠在喉，您那时讲的每一个字都是以缩短自己的生命为代价的，我何以堪忍！病房里只剩下您微弱的、急促的喘气声。此时，我和您，您和我凭着紧握的双手，传导着彼此心灵深处的信息。可恼的是我那不争气的眼泪背叛了与我的理智达成的协议。我知道，您已经病入膏肓，罪恶的细胞侵蚀了您体内所有没有思维功能的器官，唯在这尊产生过伟大治军思想的头颅面前畏而却步了！以至您在弥留之际还保持着清晰的思维。您叮嘱家人，不要把您的病情告诉战友，以免给大家带来麻烦，快过年了，让身边工作人员回家团聚，不要在医院陪您耗着。我知道，在我进病房前，您硬是让周大姐把您从病床上扶坐到沙发上，与我行生死之见。我想，此时，也只有在此时，您更加深刻地理解和诠释着生命的全部要义，您这样做，是保持着一个生命的尊严和对另一个生命的尊重！我在想，面对死神，您这惊人的坚强和毅力是从哪里来的？若非几十年戎马生涯中的千锤百炼，若无在南国战场上枪林弹雨中的死里逃生，在死神面前您不会神情如此平静、意志如此坚毅。这是一个伟大的塑造灵魂者在给他忠实的受众传递着心灵深处的信息。看着您的尊容，接受着您的信息，我多么希望医学专家对您的病情结论是误判，更希望三○一医院能够创造出一个人类医学的奇迹。十几分钟的握手相见，时间显得是那样地短促，因为我还想接受您更多的灵息。时间又显得是那样地漫长，因为分分秒秒都是在给您增添痛苦。我只好恋恋不舍，无奈地一步三回头地退出您的病房。

我进得隔壁房间，周大姐随即过来哭着对我说，我刚离开，您就哭了，说了三个字："真、感、情！"我真的再难以控制住自己的情感了，面对苍天，我不由得热泪肆流，大放悲声！

写到这里已是羊年正月初七正午时，我手机铃响了，打开一看，是友人发来的一条信息："冬冬首长今天十一时三十五分不幸逝世。"我瘫坐在椅子上，心碎了，只听见手中钢笔和泪水滑落在地板上的声音。

您用血肉构成的生命之躯来自泥土，又要归之泥土了，您用精神构成的生命之碑却永远耸立在我的心中。这座用高尚、纯粹、善良、坚强堆砌的丰碑，越来越高。

许久缓过神来，我面向北方，低头默念：老首长，您慢些走，慢些走，我还要去八宝山送您哪……

您是伟人，我热爱伟人，却尽记了一些鸡零狗碎之事，如同我热爱太阳，但我却不愿仰头直视，那样会刺眼、眩晕；我更喜欢小草、绿叶、花蕊、树干上的露珠，我喜欢从露珠上看太阳，从露珠上能映见太阳的真容，且七彩绚丽。

——又记

※　本文刊于《海外文摘》2015 年第 12 期

父子

/

我近来常常做梦。梦中总是与父亲在一起。父亲去世已十二年了，我也到了六十好几的年纪，按理说，从理智上感情上都转过了几个大弯，把世事都想开了。但岁月怎么就没冲淡我对父亲的思念呢？

那年母亲去世后，料理完后事，我便把父亲从老家接到部队家属院居住，我要赡养父亲以尽孝道，父亲则是出于无奈只好随我而来。虽说他老人家住在农村老家不愁吃不愁穿了，但生活条件还是远远赶不上城里人。万一有个三长两短，身边没个人照应是不行的呀。再说父亲对部队生活还是有所了解的。我在连长、营长、团长的位子上时，他都曾来部队小住过。不过每次都是没来之前特别想来，来了之后闲喝坐吃不出三日，就嚷嚷着要回去。说是闲得没事心慌难受不习惯。我生气地说您住三天就要走，能对得住那几十块车票钱吗？

父亲就是这样的人。他喜欢住在老家那对檐六间的厦子房里，那六间房若算不上他的丰功也是他终生的伟绩，住在那里他便拥有了无限的自豪。他虽然已无力下田劳作，但能看到麦子发黄、苞谷抽穗他心里舒坦；看着狗儿跑听着鸡儿叫，他能获得精神上的慰藉；打点儿水扫会儿地，招呼邻居来家里喝着茶拉拉家常，他能找到幸福感。

他住我在部队的家里就是另外一番光景了。我是早上部队没响起床号便出了家门，晚上十点熄灯号响了还没回家，身为一师之长，压根儿就没有节假日的概念。爱人一日三餐想法调剂饭菜花样也算丰盛，但她是端着公家饭碗的人，总是要去上班呀。晚上两人看会儿电视，爱人本就寡言，再说，儿媳妇与公公又有多少话可聊的呢？父亲白天没事也只能是在营院转转，看看官兵操练，部队官兵操练本来就是一项单调枯燥的活动，他看多了自然觉得枯燥无味没意思了。其实父亲的需求很简单，就是想让我每天陪他拉拉家常。他需要精神上的慰藉，我却没法让父亲如愿。

姐姐借住在千里之外青铜峡镇她女儿家里，帮着女儿料理家务照看孩子。征得父亲同意，我和姐姐商量，让她照顾父亲一段时间。我给姐姐说："您出力，我出钱，父亲觉得哪里住着自在就住哪里。"不承想这一住就是两年多。我们师有几个团驻扎在青铜峡附近，我每次下部队检查工作，总要挤出点时间去看望父亲，每次去总见父亲颤悠悠地老早就站在门前盼着我出现在他的面前。父亲那年七十八岁了，患有帕金森症多年，生活有点不能自理，好在饭量好又有姐姐精心照顾，忠厚朴实的脸上总溢满着幸福。他口水流下来了姐姐帮他擦干净，吃饭时帮他把菜放到碗里甚至有时拿小勺喂给他吃。洗澡时帮他调好水温，每晚临睡前把洗脚水端到跟前给他洗好脚扶上床盖好被子。

在2004年4月的一天早上，伴随着部队的起床号声，姐姐的电话也随之而来，她说父亲昨晚突然昏迷叫不灵醒了，连夜请救护车送到了解放军第五医院，现正在抢救中。我心头猛地一紧，尽管电话那头姐姐尽量语气平缓让我不要着急，我依然能想象并感受到姐姐的焦虑急促与忐忑。"上个月还好着怎么突然间……什么病呀？"我问。"大（爸）中午吃了一碗羊肉泡馍，晚上喝了一碗稀饭，八点多就昏迷了，现在检查结果还没出来。"姐姐终于忍不住哭出声来。"您别急！"我对姐姐说。挂断姐姐的电话，我当即拨通了解放军五院种院长的电话。种院长是好朋友又是同乡，他在电话里告诉我检查结果是大脑萎缩，但更多的是给我以宽慰，我叮嘱他我们不怕花钱，要用最好的药……

父亲住院已经整整半个月了，请专家会过诊，该用的药都用过了，医生们也觉得有点无力回天，而我是一天一个电话在催问。父亲的病不但毫无起色，而且每况愈下。我们老家有个习俗和忌讳，老人是不能客死他乡的，况且医院早就下了病危通知。我和姐姐商量后，她在银川买了四张火车软卧车票，堂妹小玲在西安雇了救护车，老战友黄副局长协调西安火车站提供了方便，我请假后赶到西安，我们心情沉重小心翼翼地总算把父亲平安顺利地送回了富平的老家。

父亲静静地躺在土炕上。看着父亲满头稀疏的白发，憔悴的面容，半张的嘴巴，插在鼻孔边的氧气管子，手臂上滴答滴答地输着液体，我内心充满了无以言状的苦楚。他老人家已近二十天水米未进，全凭那点滴维持着生命的体征。

晚上，只有父亲的房间里亮着灯，姊妹轮流静静地守候在他的身旁，幻想着奇迹能够发生。哪怕是父亲再能看上我们一眼也行啊！

我躺在隔壁房间里，熄灯后漆黑一片，整个院子都是漆黑的，死一般的寂静。只能听见父亲微微的鼾声。此时此刻能听见父亲的鼾声，对于我也是莫大的慰藉。父亲的鼾声把我的思绪引到了往事。

1960年，我六岁，父亲经常按着自己的小腿肚子，一按一个小坑。我不知道那是为什么，只知道肚子饿，家里没有任何能吃的。我经常在院子里打着滚，哭着闹着向母亲要馍吃，母亲也很无奈，每逢此时，回应我的总是挂在嘴边的那句话："拖着顺地磨去！"好不容易盼来政府要给大家发救济粮了，母亲拿着一个大老碗，拖着我到村西边的路上去领救济粮。村民们有拿着碗的，有端着盆的，有提着袋子的，五花八门，但是一个姿势是相同的，都站在路边踮起脚跟伸长脖子向南边镇上粮站的方向眺望着。太阳都两杆子高了，还不见队上派去领粮的人回来。"来了来了！"随着人群中的喊声，我终于看见远方出现了两个人影，一个挑着担子，另一个扛杆枪在后边护驾着。

队长按照每人每天三两的标准，把救济粮分发给村民们，我们家六口人，分到半碗白生生的大米。回到家，母亲烧了半锅水，下了一半米。米在锅里煮熟后就像天上的星星，稀里巴叉的。母亲用勺子在锅里搅几下，然后给每人盛一碗清亮的米汤，就算吃饭了。我那会儿不懂事，总嚷嚷着："我不喝汤，我要吃稠的！"父亲喝完一大碗米汤，把沉在碗底的米粒倒在我手中的小洋瓷碗里。我不解地抬头望着父亲，只看到父亲满脸的无奈与怜爱，也听见母亲在一旁叹息道："别给娃了，你还要下地干重活哩！"

我十多岁时，有天晚上刚睡下不久，肚子疼得厉害，当时的农村缺医少药，只有镇上的一个小医院，离我们家好几里地呢。父亲把我抱在怀里，用食指和中指一会儿提我的肚皮，一会儿慢慢地轻揉我的肚子，也不知过了多久，我在父亲怀里睡着了。待我睁开双眼时，已是第二天的早上了。

1979年初春，祖国南疆燃起了战火。我和弟弟各自所在的部队都奉命进入一级战备，进行临战训练。为了保密，部队规定不能给任何人写信。弟弟随他所在的部队出境参加了自卫还击作战，我所在的部队原地待命。两个多月时间，我们弟兄俩杳无信息，父母心急如焚，日夜熬煎着自己俩儿子。之后我听乡邻说，在那段日子里，父母坐卧不宁，茶饭不思，串村走巷地与军属们互相打探儿子的消息，更多的时间则是伫立在村口的大路旁向县城方向张望，一夜之间两位老人头发白了许多。一直等到我在临战训练中荣立三等功的喜报和弟弟荣立三等战功的喜报双双被政府敲锣打鼓地送到家中，才使父母焦虑的心情有了些许安定。

　　1984年初夏，父亲感觉胃部极不舒服，在当地看了几次医生也不见好。我只好请假陪他到西安解放军三二三医院做胃镜检查，镜检发现是胃黄色瘤，活检结果确诊为癌变，这个结果让我始料不及，我至今仍清楚地记得主检医生当时给我说的话："老人这么大年纪了，就不要做手术了，想吃啥给买点啥，回家抓紧准备后事吧。"医生的建议像石头一样压在我的心上，但在父亲面前，我不能把忧愁写在脸上，我必须尽最大努力展示出自己的平静，装出漫不经心的样子。我告诉父亲说是胃炎，吃一阶段药就好了，随即买了几瓶进口的抗癌药并逐一撕去了瓶身上的中文标签，四处打听偏方土方未果。好友海丁却告诉我，他们军分区卫生所有一种"化瘀片"，是根据一位李姓医生的祖传秘方炮制的，对食道癌、乳腺癌很有效。河南林县一带是食道癌高发区，许多人都治好了。抱着一丝希望，我便托他一次就买了三个月的量，一日三次，一次服十二片，反正是有病乱投医呗。大概是听信了当时媒体上铺天盖地的宣传说日本人发现大蒜具有抗癌作用的缘故吧，父亲一日三餐还坚持吃七八瓣大蒜呢。我们就这样一边让父亲坚持吃药，一边悄悄地给父亲准备后事。我买了副上好的棺材放在了几里路外的姑姑家，姐姐为父亲准备的寿衣寿冠等物品也放在她自己家里。我们担心的是父亲见到这些物品会增加心理压力。其实，我们既没猜透父亲的心思更低估了他的承受能力。这不，有一次午饭后，一向不善言辞的父亲硬邦邦地给我撂下一句话："我死了你们都不要劳神，用席一卷埋了就行了。"我听后一怔，赶忙解释："您不要多想，病没那么严重，再说，该准备的我们都准备了。"我当即托人赶紧把棺材寿衣等拉回了家请父亲过目，他老人家看后立马有了精神。我们做儿女的所思所想所做的，并不一定是父亲内心所需要的。

就这样一晃两年多过去了，父亲的身体没见好多少，更没见坏多少。

那年冬天，我在陇县驻军的一个部队任营长。我把父亲接到营部来住。我想，能多陪父亲一天算一天，他想吃什么就买回来给他吃吧，谁知道他老人家还能吃上几顿啊！不过，在我的记忆里，父亲一辈子在吃饭穿衣上没给我提过任何要求，平时手头再拮据，也从来没跟我伸手要过钱。但我知道父亲喜欢吃羊肉泡馍，便买了个保温饭盒。每天早上骑着自行车到距营部三公里多的县城去买碗羊肉泡馍，赶在早上开饭时给父亲吃。记得有次天下了雨夹雪，早上起来路面上尽是冰溜子，明晃晃的非常光滑，我把买好的羊肉泡馍盛在饭盒里，挂在车前把上，小心翼翼地骑着车子往回赶。一不留神，哧溜一声，车子倒了，把我摔在地上，保温饭盒叮叮当当滚出老远，所幸羊肉汤没洒出来。

我注意到父亲每顿饭饭量还不小，气色也越来越好。每次吃羊肉泡馍都是两个饼，有点不像是癌症晚期的病人啊？莫非是病情有所好转了？带着这个疑问，我便陪他到解放军六〇医院去复查，消化科李主任亲自操作，看了后说："好着哩呀！浅表性胃炎。"

我赶紧把两年前的检查结果给他看，他看后又复查了一遍，十分肯定地说："好了，没问题！"我真是欣喜若狂啊！至今我都不能肯定到底是哪种药物发挥了作用，还是由于父亲意志特别的坚韧，抑或是他终生善良辛苦感动了上苍，我想这些因素都有吧。此后二十年间，每当遇见有人夸赞父亲身体好有福气时，他总会说："多亏了武平，是他让我多活了这么多年，不然早就死了。"

父亲病倒那年我刚好五十岁。五十年来我第一次有时间在这万籁俱静的夜里回忆往事。突然，父亲的鼾声停息了，我一骨碌从炕上爬起来，三步并作两步奔向父亲的房间，刚站定，父亲又有了点气息。一晚上这样来回折腾了好几次，弄得我的血压又升高了，第二天，昏沉沉地睡了大半天。

大约到了晚上八点，我们几个人正在聊着家常往事，只听见姐姐在父亲房间里急促地大声呼唤："快！大（爸）醒来了！"我们兄弟姊妹赶紧跑过去围拢在父亲的身旁。父亲睁圆了双眼，挣扎着要坐起来。嫂子急忙给他背后垫了床棉被，父亲张了几次嘴巴，这才吃力地问："我这是在哪里？""在咱老屋哩！"我们齐声回答。嫂子问父亲："您认识这几个人不？"父亲竟能一一叫出我们的名字，大家高兴地笑了，几十天沉闷得像凝固了的气氛，一下子变得鲜活起来。"东平哩？"父亲又问。大家面面相觑，没人说话。东平是我三弟，1986年1月31日在作战中光荣牺牲，荣立一等战功，这些父亲是知道的。二十多年过去了，怎么又问起这个来？他老人家一定是发现自己的骨肉少了一块。我只好硬着头皮回答："东平早就牺牲了，您就安心睡吧！"父亲没吭声，只见两行浑浊的泪水从他眼角流淌下来。少顷，父亲喘了几口气又说："你们扶我起来，让我在咱院子里走走，再看看……"我们劝他："今天晚了，明天再看吧。"父亲无力地慢慢合上了双眼，又长一声短一声地打起呼噜来。

在这漆黑的夜里，我睁着双眼，努力地追寻着往日我与父亲的足迹。我掰着指头算了算在五十年的岁月里，我与父亲相处的时间确实是少得可怜。在我的记忆里，父亲少言寡语，从来就没有正儿八经地教育过我。不知咋的，父亲在我心目中却永远都是一座能靠得住的大山，他那贴满了半面墙的"劳动模范"的奖状，曾给我带来无限的荣光；他那"共产党员"的称号，曾给我平添了无限的自豪；东家有难、西家有忙他都主动去帮，他的为人曾让我从村子东头走到村子西头都能感受到左邻右舍投来的友善的目光。以至我退休后回老家给父母上坟，碰到村上的熟人，他们还念叨着："你大（爸）人好！你前些年拿回的好茶叶他让我们喝了，你拿回来的好烟他给我们抽了！"是啊！与父亲生活在一起时，我体会不到多少父亲的含义，待我成为父亲，对父亲有了牵挂之时，却又远在千里，军务繁忙难得相见。每次回家总是来去匆匆，无非是给父亲放几个零花钱，买上一堆食品，吃完母亲擀的一碗面，抹抹嘴就走人了。这次回来倒是有时间与父亲说话了，可惜父亲却在昏迷中，想到这里我的内心十分酸楚，眼泪扑簌簌往下掉。

次日早晨，我约姐姐一同去附近村上看看舅舅、姑姑。到了舅家一杯茶还没喝完，我突然觉得心里慌得很。多年来我有这个灵验，家中凡遇大事，我都有心灵感应。弟弟牺牲，母亲病逝，我虽然身在千里之外，但当时就是这种感受。

我和姐姐赶快与舅舅告别急忙驱车返回家中。我一摸父亲的双腿，膝盖以下已经冰凉，再一摸脉搏，非常缓慢微弱。我把父亲抱在怀里，对着父亲耳边喊道："大（爸），您坚持一会儿，给您把新衣裳换好您再走啊！"随即招呼嫂子、姐姐："快！赶紧给大（爸）把寿衣穿上！"她俩很麻利地给父亲穿好了衣服，收拾停当。此时，父亲在我怀里头一歪，长出了一口气，永远地停止了呼吸。嫂子姐姐在一旁边哭边念叨着，又是烧纸，又是招魂的。我没有哭，我只是静静地紧紧地抱着父亲不忍松手，我企图用自己炽热的胸腔温暖着曾经给我生命给我血脉给我温度的躯体，但我终究没能留住父亲身上的温度。

我在他的怀抱里健康快乐地成长，他在我的怀抱里优雅尊严地老去，这，就是我们父子！

最美还是自家景

人活一生，无论是行走于青山绿水之间，还是耕作于黄土高坡之上，世事总会在心中留下一道道回味悠长的美景。

随着年龄的增长，我越来越喜欢亲近大自然，越来越觉得大自然对待人类是最公正的。你亲近她，她会给你带来灵感；你喜欢她，她会给你馈赠愉悦；你保护她，她会给你增添幸福。当然，你要破坏她，她也会发脾气的，甚至会毫不留情地给你送上灾难。所以过去无论工作多忙，或是利用出差之隙或是趁着留学之便，我总会见缝插针地走进大自然。登临华山观之奇险，曾使我一股豪气由脚底直贯头顶，也顿感人生之路的艰辛；看黄山之灵秀，特别是眺望那块飞来石，使我走进了丰富的想象空间，我想，只要敢于并善于创造，什么奇迹都可能发生；赏九寨沟的七彩流水，会使我联想到生命的绚丽多彩；站在科尔沁大草原上，我能体会到信马由缰般驰骋的豪迈；面对玉珠峰的洁白晶莹，我能看见自己灵魂的瑕疵，包括一些人用那些高端化妆品掩遮住的丑陋；航行在大海上，偌大的豪华游轮竟轻飘得像一片树叶，我感觉到了自己在这个世界的渺小与微不足道；而当我徜徉在涅瓦河畔，登上埃菲尔铁塔，伫立在加加林纪念塔下时，我真正感悟到了什么叫"人外有人，天外有天"，大自然里有我看不完的美景。

我忽然发现，生活里藏有许多美景。

比方说，吃饭是我们每个人天天必做的一门功课，做饭更是司空见惯的一件平凡事。就拿我们家来说吧，夫人几乎每天都要先于孙儿与家人一个半时辰起床，钻在厨房里忙活着择菜洗菜蒸熘烹炒，四碟子六碗地摆好在餐桌上等待着小孙儿及家人享用。不谙世事的小孙儿，不是嫌这个菜盐淡了，就是嫌那盘菜醋酸了呢！他何时才能体会出这饭菜背后的辛劳与别样的滋味呢？夫人却毫无怨言，日复一日做着这出力不讨好的"傻事"。

其实做饭还不是最难的，最难的，是把生活当日子过。过日子既有洗涮拖地抹桌子那些天天必做的不起眼的琐碎事，也有金钱名利物质精神层面的大事。

在这安静的日子里，一件件陈年往事像涓涓细流从我心中流淌出来。记得当年我经同学介绍见了一面正在上大学的她便定下了终身大事，一年通了两封信算是情书，而后她便买了条上海产的的确良床单，从古城西安来到部队在陇县驻地的山沟里登记结婚了。那会儿我任连长，指导员高兴元很热情地安排炊事班杀了一头大肥猪，全连会了一顿餐算是庆贺。第二年我依旧在我的连长岗位上奉献着奋斗着，她却远在西安挺着大肚子顶着强烈的妊娠反应坚持上下班，吃了吐，吐了再吃，为的是给那个小生命提供足够的营养。她生儿子时我在石家庄高级步校深造，学校规定除非直系亲属亡故否则任何理由都不得请假，待我放假回家探亲时儿子已经三个多月大了。她既要上班又要肩负起抚养教育孩子的责任，一个人在城市里这样生活着是多么的不容易，在不容易中默默地支持着我从连长、营长一步步地干到团长。

当夫人看到我官至团长一时转业无望难以与家人团聚时，为了孩子为了家庭也为了我所从事的事业，毅然决然辞掉了在省城西安某军工厂工程师的铁饭碗，来到塞上小镇青铜峡当随军家属，顶着世俗的眼光与议论在小卖部干起了售货员的行当，这需要多高的境界与多大的勇气才能做到啊！

我的职务在不断变化着，从团长、副师长、师长到省军区副司令员，面对这些变化，夫人保持着自己的淡定与从容。唯一不变的是，她从不收礼，从不吃人家的饭，这为我赢得了在职时做人的尊严和为官的好名声，也使我退休后，能睡个安稳觉。

夫人一生素面朝天，尽管她长得不算美丽，但她从不描眉画眼，她之所以这样本色自然而真实地活着，最根本的原因是她拥有心灵高尚的自信。她明白，高档化妆品可以遮掩住脸面上的瑕疵，却遮不住一个人心灵上的污点这个道理。我真佩服她能拥有这种大智慧，这是上帝给予我的恩赐。但上帝又是聪明的，是讲公平公正的。上帝可能是担心这个世界上人人都默默奉献会显得过于单调吧，便有意给世间送来另外一些夫人。君不见那些落马的高官，他们哪个的夫人不是用华丽的衣裳包裹着一个伪善、自私、没有灵魂的躯壳，在那脂粉和油彩的后面隐藏着贪婪和虚荣，过度的虚荣必然会制造出罪恶；又有哪个不是因为夫人收礼参政而成了他锒铛入狱的推手？有的人不把生活当日子过，不用欣赏的眼光看这个世界，在她的眼里时时处处都是别人的错，自己的对，动辄把芝麻大的一点小事放大到西瓜那么大，而后把西瓜举过头顶，狠狠地摔在地上，溅得满屋子都是血红的沫子；有的人像一只笨狗爬到了粪堆上，却扎起洋狗势，企图引得世人羡慕，假若如此，这世间不是宠物多得为患了吗？还有的人别人给她一根麦秸秆，她会当作拐棍拄起来，便飘飘然颐指气使，仿佛地球都会围着她转。这些可怜的人是不值得人去可怜的，而最可悲的是她根本不知道什么叫可悲。如果这也算一景，有的人一辈子都在为这一景而煞费苦心。

最美还是自家景啊。

国香

为尹武平散文作

为《最美还是自家景》画·王克／共和国上将，原中央军事委员会委员，中国人民解放军总后勤部部长

一次终生受益的谋面

听到陈忠实老师去世的消息，我的心像被针扎着一样刺痛。

我与陈老师只见过一面。尽管只有一次谋面，却使我没齿难忘，终生受益。

对于陈老师，我是先读其文后识其人的。喜欢文学，纯粹是我生活中的一种爱好，读好的文学作品，已成为我在几十年军旅生涯中愉悦心情、减轻工作压力的一种方式。那一年，我在兰州军区特种大队大队长的职位上时，《白鹿原》荣获第四届茅盾文学奖，我当即买来一本利用周末时间迫不及待地读起来。也许我与作者都是关中人，都是被关中这块黄土地滋养成长起来的缘故，也许是对书中绚烂多彩的风土人情过于熟悉，也许是书中复杂多变的人物性格如立左右，书中那厚重深邃的思想内容立马让我产生共鸣，跌宕起伏的故事情节更是引我入胜，看完一章又迫不及待地想看下一章，不知不觉天已大亮。这气势恢宏史诗般的一部《白鹿原》，不就是中国式的《战争与和平》吗！我从内心由衷地发出赞叹！

待我从领导岗位上退下来之后，便有了更多的时间边读好书边写散文了。当我写了几十篇散文且在朋友圈传开后，大家一再鼓励我结集成册。此时，我首先想到请中国文坛巨匠陈忠实老师为我题写书名。

通过熟悉陈老师的友人一联系，他欣然应允。2014年11月26日，我揣着自己撰写的厚厚的一本散文稿，应约来到陈老师在城南石油学院内一所简陋的工作室里，陈老师已沏好茶等我多时。落座后我便简要介绍了自己的经历，写作进程，表达了想请陈老师题写书名，并想请他对文稿中某一篇他若觉得有特点的散文写点评点的心愿。陈老师听罢，朗声说道："你由一个农民的儿子，成长为共和国将军，已经很不容易！退休后又如此热爱文学，坚持写作，你这是在开启自己第二个生命历程啊！有这种精神不简单！这样吧，你托我的事，等我看完作品再说，好不好？"我望着他那张写满了人生沧桑的脸庞，听着他平和质朴又火热的话语，便连声说好，随即告辞。行走在回家的路上，我的心里多少有些忐忑，尽管陈老师几十年来热情扶持青壮年作家的佳话不绝于耳，但他对我这位年过六十进入"准老人"行列的业余文学爱好者又会如何呢？反正心里没底。

三天后的29日下午，友人给我来电话说陈老师已给我写好了书名，他马上送来。送来的是一个陕西省作协的大信封，打开一看，是陈老师用六尺对开宣纸写的"尹武平将军散文集"几个大字，内附一封信，信中这样写道："尹将军您好，遵嘱写了对《秋月》的评点文字，请笑纳。亦写了《尹武平将军散文集》书名，我字作书名不好看，仅作留念，建议您请书道老到的人题写书名。不赘。祝愉快。陈忠实2014.11.29。"老师的谦和真实跃然纸上。

陈老师还用另外一页纸，专门对我撰写的《秋月》一文作了评点。他是这样写的："中秋赏月的闲情逸致，是中国人独有的诗性情怀。尹武平将军少年时的半块月饼的记忆，缺失了诗意而漫溢着刻骨般的辛酸。然而，正是那半块月饼的酸楚感受，大约成为他立身做人成就辉煌的础石之一砖。年过花甲再回嚼那半块月饼的韵味，已是一种达观的境界。陈忠实，2014.11.29于二府庄。"

看着陈老师题写的书名，读着他写给我那滚烫的话语，我的心情久久难以平静。我想，回报陈老师的最好方式，就是挚爱文学，坚持做好人，写好文。可以告慰陈老师英灵的是，一年多来，我已有四十余篇散文在全国有影响的纯文学刊物上发表了。

我怀着对陈老师这位中国文坛巨匠的敬仰与感恩之心，来到陕西省作家协会为他老人家专设的追思堂吊唁，我所看到的和听省作协领导介绍的，是几天来数以万计的各行各界人士以各种方式对陈老师的缅怀。我想，陈老师留给我们的，不仅是《白鹿原》，还有《白鹿原》之上他那高贵的人品！

陈老师把毕生精力倾注在千篇佳作之上，仅一部《白鹿原》，耗干了他的一腔热血，他确实太累了！愿他安息！

中国作家协会原副主席、茅盾文学奖得主陈忠实先生与作者合影

走近贾平凹

　　我与贾平凹先生因文学结缘。只不过他是著名作家，我是他文学作品的忠实读者。因读其作品而渐渐地缩短了与他之间的距离。当然这是指精神层面的。

　　人们往往出于对名人的敬慕，总是习惯于将自己与名人去比较，我也有过这样的经历。尽管这种比较有时想起来觉得有些荒诞。我曾经想过，我与平凹先生是同龄人，我们有一段共同的成长经历，都是生长在秦岭山下的农村；我们从少年时都热爱文学，而且家境都比较清贫。后来，我们又各自走上了两条不同的职业道路。当平凹先生走进西北大学校园的时候，我跨进了解放军这所大学校，当他在明亮的教室里学习、在静谧的图书馆里埋头阅读、在柔和的灯光下伏案写作时，我却在凛冽的寒风中操练、在火热的军营里摸爬滚打、在皎洁的月光下站岗放哨呢。再后来，我俩就没有任何的可比性了，他是一代文学大师，我是他文学作品的忠实读者。

　　多少年来，伴随着我不断成长的，不仅有硝烟，还有那醉人的书香。80年代传媒手段还不够多样。有一天，我偶然在一家省报上看到了他写的那篇散文《丑石》，那篇自喻性的散文，不但激活了我对人生的感悟，而且勾起了我对故乡的思恋，使我立马联想到我家门前也有一块石头，妈妈常在上面捶布，我也时常坐在上面玩耍。"常常雨过三天了，地上已经干燥，那石凹里水儿还有，鸡儿便去那里渴饮。"文中描写的这些景象，我似乎都有印象，但怎么就没有高人发现我家门前那块石头呢?! 读到《风雨》一文，那更是引人入胜。作者通过形、声、神、韵，惟妙惟肖地引导着我身临其境，进而置身于狂风暴雨的环境中。更令我拍案叫绝的是，一篇描写风雨的散文，通篇竟没有"风雨"二字，使我不得不联想到自己的人生体验，人生何处无风雨?! 只是不要让自己的生命太卑微。其实，我最喜欢读的是平凹先生写的《浮躁》那部小说。起初，我读《浮躁》只是作为带领部队摸爬滚打，紧张操练一整天之后的一种消遣和精神放松，不承想一捧起来便爱不释手，那些人、那些文、那些景，飘然而至，我犹如置身其中。《浮躁》这本书，这些年我不知道读了多少遍，最大的收获竟是越读《浮躁》，心越沉静。就这样我的心在一步步走近平凹先生。

新世纪的第一个初秋，平凹先生与庆仁一行在好友全铎的陪同下，从古城西安出发西行，要沿古丝绸之路走一遭，第一站在天水市小住，我在师部接待了他们数日。当我第一次握着平凹先生的手，端详着眼前这位憨厚平朴、写满平和善良的面孔，却怎么也无法把眼前真实的平凹先生与我潜意识中的文坛大师形象叠合在一起。准确地说，他更像一位乡镇干部。这是我对平凹先生的初次印象。

我们那一帮招待员、炊事员身处军营，却是见过大世面、大人物的。上至国家主席、军委副主席，下至大区司令员、政委，包括集团军军长都喝过他们沏的茶，吃过他们做的饭。当一听说要接待大名鼎鼎的贾平凹先生时，这些见过大世面的士兵却显得异常地兴奋与精心，不知他们是刻意要展示军人的才华还是文学作品对他们产生了超常的魅力。平凹先生第一次住在军营，多少还显得有些拘谨。席间，他不喝酒，言语也少，静静地坐在那里边吃边听大家谈天说地，听到有趣处便报以会心的微笑。我们红军师那几年确实保持了老红军的光荣传统，搞接待坚持不上山珍海味，不喝高档酒，秉持把家常菜做得不平常的理念，重点在提高饭菜的可吃性上下功夫。你看，端上来的馒头用手指摁下去两厘米，会"噌"地又泛上来，吃在嘴里不但筋道还有麦香味；炒的酸辣土豆丝粗细长短如同牙签般均匀一致；摊的煎饼瓢和鲜亮使人垂涎欲滴；熬的小米稀饭、红豆稀饭不稠不稀，米粒全呈悬浮状；就连煮的鸡蛋剥开后，个个都是蛋黄内有黄豆大的一块没完全凝固，真是不老不嫩口感最好啊！用餐完毕，平凹先生站起来不紧不慢地说道："战士把饭菜做得精细可口到这种程度，我想过去皇帝吃饭也不外乎如此！"

平凹先生一行在天水采风期间，我陪同他参观了师史馆，他了解了红军师辉煌的历史；参观了战士宿舍、图书室、文化活动中心，知道了一名士兵服役几年是在一个什么样的环境中成长起来的；观摩了官兵在训练场上操枪弄炮熟练驾驭装备的实况，看见了这支利剑是如何常年不怠日复一日打磨的。我还给他介绍了我们每年都要把部队拉到与预定作战地区相似的地域驻训数月，按实战需要，在风餐露宿中锤炼部队。从师长、团长到士兵，每一个官兵都知道一旦投入战斗，自己会处在什么位置，担负什么任务，可能会遇到几种情况，做什么动作来应对和处置，而且每个人要烂熟于心，果敢而为。平凹先生听到这里，对军人的崇敬之情溢于言表，"我看到有这样一支军队，是国之安，民之兴。"平凹先生如是说。

平凹先生以后有几次途经天水，我请他吃饭、聊天、稍事休息，从此我们变成了朋友。十多年来一直保持着这种关系，我给儿子办婚典时，他还拨冗出席，专程为孩子送来祝福。我退休后闲来无事，提笔写起了散文，且不断在一些文学刊物上发表，许多朋友读了我的拙文后建议结集成册。当我拿定主意要出一本散文集时，第一个想到的就是请平凹先生给我题写书名。我自知自己的文采远没达到与平凹先生题写书名相匹配的程度，为避免尴尬，便托全铎先试探性地给平凹先生说一声，不料想先生欣然应允。按照约定的时间，提着自己的书稿，我与全铎先生一起去了先生的书房。进门后握手、问候、坐定、品茶。我事先挑了几篇有代表性的作品，请平凹先生过目，并恳切说道："您觉得值就请您题写书名，觉得文章不行，不题写也没关系。这话是发自我内心的真诚，我不能以自己的一私之需，影响了先生的名望。"平凹先生很认真地看了两篇。说道："写得不错！要注意言语再平实一些，越平朴越好，不要追求词句的华丽。"他接着说："写散文其实就是在给人讲故事，让人听完故事后自己去理解背后寓意着什么意思。避免写得太直白。您退休后做这事很有意义！这样吧，我先给您把正经事办了。"先生边说边铺开一张四尺的宣纸，裁去一小半，接着又裁去二十厘米，提笔开始题写"人生记忆、尹武平将军散文集、平凹题"几行字。有趣的是，先生边写边嘟囔："这几个字要几万元呢！"闻此言，我笑道："岂止几万元？对我来说是无价之宝啊！可惜我没钱，不过，我为了表示对您劳动成果的尊重，给您带来了两条中国最有名的烟，咱也不说具体价，反正是最贵的。哈哈哈！"稍后，平凹先生又给题款、落款处盖章，而且用右手中指在"平"字上方摁了指印。虽然墨迹未干，但我还是不忍心过多占用先生的时间，提出告辞，随手用刚才裁下来的那点宣纸衬在作品上，先生忙说："不要用没写过的好纸。"他弯腰从案桌下拿出一张旧报纸衬在作品上。我说："把您那书法作品袋子拿一个给我。"他说："算了，你又不是去卖或送人，就不要浪费我一个新袋子了，就这样拿回去吧。"

瞬间，我脑际闪现出两个字"吝啬"。

说到吝啬，不由使我想起坊间人们茶余饭后赞誉平凹先生文学作品之时，总会毫不吝啬又送给他"吝啬"这两个字。其实人们说平凹先生吝啬是有很强的指向性，一是说他的字画价格高，且没有通融的余地；二是说他写字画只认钱不认人，不看面子不讲感情。由此我联想到我在赴俄罗斯留学期间买油画的事。我十分喜欢俄罗斯的油画，礼拜天总喜欢到莫斯科的油画市场上去转转看看。有一次看上了一幅油画，画主开口要二百五十美元，我说一百美元行不行。不料画主一听便火冒三丈，冲着我指手画脚叽里哇啦个不停，我通过翻译才知道，他说我这是不尊重他的劳动成果，是对他人格的侮辱！我听后真是哭笑不得：有那么严重吗?！通过翻译给他解释："我们中国人买东西讲究讨价还价，出价低，你不卖就是了，没必要生气发火呀！"他当时仍一脸怒气与不解。我想，这就是文化，这就是文化差异。一个人拥有的文化不同，对人生、对生活的理解就会有差异，对同一件事情的处理就会有不同的态度和结果。平凹先生把自己的字画明码标价且不讨价还价，是他对自己劳动成果的尊重，是他对生活的一种态度，也是他处事的一种方式。试想，他若对喜欢讨要他字画的人有求必应，他一天二十四小时不睡觉，恐怕也满足不了大家的需要，他哪还有时间去写作?！平心而论，轻易地说平凹先生只爱钱，丝毫也证明不了我们自己不爱钱；说平凹先生吝啬，也彰显不出我们自己的慷慨大方呀！

不管怎么说，我还是轻而易举地得到了平凹先生题写的书名，这既是对我习作的肯定，更是对一位文学爱好者的鼓励与支持，谁知我这人在这件事上有点得寸进尺，继而给平凹先生说道："请您抽空浏览一下我这些文稿。还是那句老话，您觉得值，就请您再写个评点，不值也不勉强。"一个星期后，平凹先生给我电话，说稿子写好了，让我去取。我已活到不该激动的年纪了，那天还真有点激动。打开稿子一看上面写道："给尹武平将军信：稿子我读了，我觉得篇篇充满真情。真情是散文的灵魂，在这一点上，你做得好。再是文笔干净朴素，也准确得当。也有很好的细节。细节是小说散文生动的体现。如岳母用一个奶水养岳父病，一个奶水喂女儿，令我过目不忘。如提意见，要每篇尽量写曲一些，文贵曲嘛。看完有正能量啊！祝贺！贾平凹 2015.10.18。"

平凹先生的评点，对我真是莫大的鼓励，激励着我在文学之路上不畏艰难，一步一个脚印前行着。

贾平凹先生是一位大名人。但我更乐意把他作为一名成功人士去解读。但凡成功人士须具备两个最主要的条件：天分与勤奋。天分是与生俱来的，是自己把握不了的；勤奋则是完全由自己把握的，是需要后天努力与坚持的。这两个条件，平凹先生都具备了。他已发表千万字的文学作品，获得过多次文学大奖，至今仍笔耕不辍。我前几天见到他时，曾当面问道："您写了那么多作品，肚子里货往外倒得差不多了吧？"他笑而回答："我肚子里货还多得很哪！"

天分与勤奋是一个人飞起来的两只翅膀。我想，我们如果没有天分，就选一个适合自己的位置。对大多数人来说，你现时处的位置就是最适合你的位置。在这个位置上，只要你勤奋，尤其是坚持勤奋，也许你以后可能与成名无缘，但你距成功会越来越近。

贾平凹在中国文学界已成为一座大山。我作为一个文学爱好者，初学写作者，写走近贾平凹就像刚学游泳的人在过河一样，有点不知水的深浅，抑或是不知天高地厚。但我踌躇良久，还是咬咬牙，坚持把我的仰山而感，如实地记录下来了。

※ 本文刊于《散文选刊·下半月》2016年第9期、《四川散文》2018年第4期

上图：时任陕西省作家协会副主席的贾平凹先生2000年10月在61师师部与作者合影留念
下图：中国作家协会副主席、茅盾文学奖获得主贾平凹先生2016年12月祝贺作者《人生记忆》成功出版发行

硝烟

/

这是二十年前，我在西北戈壁荒漠上所经历的一次演习。

雨点像断了线的珠子，尽情向这无垠的戈壁荒漠飘泻着，使初秋的塞上平添了丝丝寒意。

贺兰山下，昔日的古战场上，在这萧瑟的秋雨中，一场现代条件下边境反击作战演习即将展开。

我作为军区特种大队大队长，此刻正在腾格里沙漠边缘牛首山下的一座野战指挥所里，眼睛紧紧盯着"902"战场电视侦察系统从"敌"阵地上传回的实况视频。在屏幕上，只见我左路特种破袭分队已先期秘密抵达潜伏地，在"敌"导弹阵地前伪装得与戈壁沙漠浑然一体；我右路特种破袭分队已渗透到距"敌"通信枢纽两三百米的有利地形上。这一群特种兵如大漠中饥渴难忍的"恶狼"一般，几十双眼睛死死盯着各自的猎物，只等我令从口出，便会迅速扑向目标。身后特种突击分队正在利用雨天做隐蔽，嗖嗖地快速向前运动着。在前方运用技术侦察手段传回的画面中，我还看到"敌"一辆巡逻车，满载五六个荷枪实弹的士兵，在其导弹阵地与通信枢纽之间往返巡逻，高度警戒着那些重要目标的安全情况。

"我空中突击分队的情况怎样？"我抬头问身边的杨参谋长。"空中突击分队已在百公里外野战机场登机完毕。只要气象条件允许，随时可以升空，空指刚刚通报的情况。"杨参谋长道。"给我接气象中心！"我命令。"气象条件怎样？"我问道。气象中心主任回答："当前持续中雨，三小时后有望好转。"这个天气向好的报告却丝毫没有减轻我心中的压力。空中特战突击分队的行动不仅关乎破袭作战的成败，甚至会影响到整个战役的进程！在这凉飕飕的野战指挥所里，我的额头上竟不知不觉地沁出了细密的汗珠！我索性钻出指挥所，抬头透过伪装网眼，向牛首山方向望去。只见一片片低沉的乌云前拉后扯，翻滚着向我的头顶压来，迅即又向远方飘去，在这广袤的戈壁上，耳边只有雨点时紧时松唰唰落地的声音。唉！这老天像是在有意凑热闹，给我们完成任务增加点难度似的！演习地区本来是十年九旱之地，年平均降水量只有四百多毫米，现在可好，下了十多个小时了，还没有停一停的意思。

顿时，我感觉肩头的分量又沉重了许多。在此次战役演习中，上级赋予特种大队的任务是：组成精锐的特种作战力量，运用多种方式渗透"敌"阵地，相机破袭"敌"重要目标，为主力全歼当面之敌创造条件。这也是特种大队改建一年来的首次"亮剑"。

一年前，我任某团团长。我们团是一个有着辉煌历史的团队，其前身是由一代抗日名将彭雪枫创立的新四军游击支队，闻名全军的"攻坚英雄连"一连、中央军委命名的"团结战斗模范连"八连等英模就在我们团。1994年，我们团奉命改建为兰州军区特种大队，我被任命为第一任大队长。记得特种大队成立那天，当我从军区首长手中接过队旗时，新的使命就结结实实地落在了我的双肩上。特种部队在我军是一支全新的部队，对于这样一支全新的部队如何建设，没有现成的章法和经验，这就要求我们既要密切关注世界军事风云变化创新思维，更要发扬传统优势寻根问道。

我清晰记得部队刚改建不久的一个数九寒天的午夜，我穿着皮大衣戴着皮帽子去查铺查哨，路过特战八连的宿舍前，发现十几名战士竟然光着膀子在练擒拿格斗！我走上前去轻声询问："你们怎么不穿上衣啊？为什么这么晚了还不休息？"一位班长回答："大队长，我们在进行耐寒训练！加班训练是为了早日成为一名合格的特种兵！"多么可爱的士兵呀！我心头一热。这个连队真不愧是中央军委命名的"团结战斗模范连"，我们的特种兵使命感之强，练兵积极性之高，深深地感动着我、鞭策着我！作为带兵人，我要把士兵中蕴藏着的这种巨大的潜能与积极性，通过严格训练、科学管理，使之尽快形成特种作战能力。这种作战能力到底形成到了何种程度，一会儿就要接受实际检验了。我越想越觉得心头有压力。

此时，距演习正式开始还有整整两个小时，雨点变得小而稀疏，天气确实在向好。指挥所内无线电正保持静默，大家都凝神静气地坚守在自己的岗位上，等待着行动开始的命令。指挥所外风停了，雨住了。阵地上死一般的寂静。

"天狼注意！开始出击！"当时针指向十六时整，我按计划下达了命令。

此时，我向右前方"敌"阵地看去，当"敌"巡逻车近前时，一名特战队员腾空跃起，飞起一脚将驾驶员踹翻车下，数名队员一拥而上，有的单臂锁喉，有的双锤贯耳，有的黑虎掏心，一名"敌"兵企图逃跑，只见一名特战队员手起枪响，"敌"应声倒地，紧接着，这群特战突击队员犹如恶狼猎食一般扑向"敌"通信枢纽。

再向左前方"敌"阵地望去，我左路特战突击队员个个像猛虎下山一般扑向敌导弹阵地，他们时而滚翻时而跃进，时而交替掩护时而隐蔽接"敌"……

继而向"敌"纵深眺望，只见空中朵朵白色伞花飘然而至，准确落在预定地点，特战队员脚刚落地便迅速甩掉伞衣，按照预案向各自目标发起攻击……

霎时，在这狭长的通道阵地内炮声爆炸声声声震耳，枪声喊杀声号叫声混成一片，仿佛要将这狭长的通道撕裂一般，只见柱柱硝烟腾空而起，翻滚着弥漫着……

"黄河！我是天狼，我已完成任务！"无线电波把突击队长的报告传送到我的耳中。"撤出战斗！"我当即命令。只见后方三架直升机轰鸣着快速临空，两架刚落地，特战队员便鱼贯而入，迅速登机完毕，直升机迅即翘起尾巴，轻盈地腾空撤出；另一架则悬停在空中，特战队员一个接一个攀绳而上。当最后一名特战队员刚进机舱，直升机便呼啸离去。

"打得好！特种大队是好样的！"军区首长从观礼台座位上站起，对着麦克风说道。那洪钟般的声音，在牛首山下这狭长的通道内久久回荡着，这是对特种大队快速形成作战能力的褒奖！从此，西北大地上有了一支真正意义上的特种作战力量。

在返回营区的路上，我情不自禁地回望着刚刚战斗过的方向，只见夕阳把天边的云彩烧得通红通红，刚才的硝烟与彩云连成一片，犹如一幅恢宏的画卷。我似乎看到我们的前辈一代又一代在抗日烽火中勇击倭寇，在解放战争中前仆后继，在朝鲜战场上顽强拼杀，在自卫反击作战中气势如虹，我更看到特战队员流血流汗不流泪、掉皮掉肉不掉队的使命担当⋯⋯

我看到我的使命已化在那硝烟中。

※ 本文刊于《光明日报》2016 年 4 月 1 日、《解放军报》2018 年 12 月 17 日、《陕西日报》"秦岭"副刊 2016 年 3 月 17 日

为《硝烟》画·任惠中/中国美术家协会会员，军艺中国画教研室主任

点拨

/

儿时，没有电灯，家庭照明多用清油灯，煤油灯太贵，汽油灯是唱大戏时才能用得着的。

清油灯既可用专制的灯盏，也可用碗碟之物，放点食用油，用棉花搓条几寸长的捻子，浸入油中，一端卧露器物边缘上，点燃，顿时亮光一片。慈母做针线，姊妹习作全凭它。

燃烧一阵，发亮处有了黑芯，亮光渐暗。拨掉黑芯，复亮。但拨轻了，黑芯掉不了，拨重了，油淹芯子灯就灭了，拨早了拨晚了都达不到最佳亮度。

人生出彩，很像清油灯发亮光，需要有人适时适度的点拨。

家长对孩子，领导对部属，责任：就是适时点拨；水平：则体现在轻重力度的拿捏上。

朋友：您说呢？

归·途·拾·光

※　本文刊于《西北军事文学》2015年第6期、《解放军报》2016年6月3日、《特别文摘》2016年第14期、《深圳晚报》2016年5月16日

点拨

为尹武平散文集
题贺乙未夏末德

为《点拨》题·曾来德／中国国家画院副院长、书法篆刻院执行院长

雪儿

/

雪儿是一只京巴狗。

那年，爱人随军来队，没有工作，我整天忙于军务不沾家，儿子上学早出晚归，她每天做点家务后便闲得无聊。友人自清见状，送来一条宠物狗，巴掌大小，通体洁白如雪，唯两只眼睛黑溜溜的，炯炯有神，很是可爱。

爱人一下子就喜欢上了她，取名雪儿，整天像对待自己的孩子一样，喂奶喂饭，洗澡梳理，对话调教。小家伙见风就长，很快个头像小板凳一般大。

雪儿很通人性。儿子早上六点要起床上学，以前总是爱人去敲门，后来每到这个点，雪儿便代行职责，在儿子门前叫个不停；我要上班，她总是要送到门口，一副恋恋不舍的神情；我下班回家，她总会从家里跑出百十米，跟前跑后来迎接；晚上看《新闻联播》，她会卧在身旁煞有介事地陪你观看；我们要上床休息，她会跳到床上来撒娇；你若训斥她几句，她便会躲到门后边呼哧呼哧地生闷气；你若夸她两句，她会高兴地舔你的手，围着你撒欢。

后来，我因工作调动，举家迁移外地，只好忍痛割爱把她托付给好友忙生家照料。为此，爱人还曾经偷偷地抹过几次眼泪。

两年后的一天，老单位的领导请我们一家人吃饭，车刚停在招待所门口，只见雪儿从百米外忙生家连滚带爬地奔我们而来，见到我爱人又是抱腿又是吻手，又蹦又跳地围着我们一家人撒欢，真像是孩子遇到久别的爹娘一般。

饭后，当我和爱人欲乘车离去时，雪儿竟长长地躺在我的猎豹车前轮下……那情那景，使在场的所有人无不动容！

那一幕，深深地烙在了我的脑海中。甚至于有段时间，我陷在那情景中无法自拔。

我常想，一只狗，尚且能对养育她的主人如此感恩回报；一棵树木，尚且能对养护它的人们挡风遮阳；即便是一块顽石，当我们用欣赏的眼光去观察它，它也会使我们愉悦，而我们人类呢……

※　本文刊于《散文选刊·下半月》2016 年第 9 期、《深圳晚报》2016 年 5 月 16 日、《深圳特区报》2016 年 5 月 18 日

为《雪儿》画 · 纪连彬 / 中国国家画院副院长，国家一级美术师

怀念密友

你是我军中无声的密友，编号叫"85096"（枪号）。你是我手中的一支枪。自你以崭新的姿容与我携手，我和你，用数十万发子弹，吐出了一道道彩虹。而你，最终以报废自己为代价，成全了我的一个梦。从此，军中又出了一位"神枪手"。

你是我军中无声的密友，我走的每一步你都清楚。训练中，不是我握着你不放手，而是我遇到一位"怪"教头。他平时待我像兄长，训练场上却似虎狼。我卧姿无依托举起你，两个半小时不准动啊！犹如走了两万五千里！胳膊经历了乏、酸、疼、麻，到无知觉的煎熬；心里头经历了憧憬、委屈、埋怨甚至仇恨；止不住的辛酸泪，不停地沿腮帮子流下，被凛冽的寒风吹过，冻结在我的脸颊。"休息！"班长一声令下，我们刚经历的苦痛立马烟消云散，大家又像是刚打了个小胜仗似的。休息了十分钟，又开始立姿无依托举枪，枪刺上还挂了枚手榴弹，难度更大。一举就是八十分钟，直到开饭号声响了……

你是我军中无声的密友，助我第一次出了彩头。1978年春，六十三师组织考评"神枪手""特等射手"，我携你走上考场。每人四发弹，两个目标（四百米距离上的半身靶、二百五十米距离上的头靶），消灭两个目标为"特等射手"，两个目标均首发命中为"神枪手"。我跃进中，发现目标！随即卧倒出枪送弹上膛据枪瞄准击发枪响靶落！好不利索！！要知道四百米距离上半身靶在平正好的准星缺口上的景象还没一个小米粒大呢！收枪跃进又前行一百五十米，头靶出现，我又一枪撂倒！真不容易啊！全师就我被评为"神枪手"！师首长给我记了三等功，奖了一支上海产英雄牌金笔！

你是我军中无声的密友，你激励我的士兵争先创优。记得1979年我当连长时，带着连队去打靶，正行进在陇县山间小路上，路边突然蹿出一只野兔，飞一般地向前跑去，我一把从文书郭永福的肩上抓起你，几秒钟内完成送弹上膛据枪瞄准击发，只听"砰"的一声，野兔子在一百七八十米的距离上应声不动了，小郭飞奔过去拎起兔子，全连官兵先是"哇！"的齐声惊叹，接着响起一片掌声。"打铁还须自身硬啊！"在这样的连队，官兵能不争先创优吗?！年底，我们连被军表彰为"教育训练优胜连"。

密友啊！你还记得吗？送你退役那天，我哭了！哭得是那样伤心！我面向你双膝跪下，口中喃喃自语：神枪手，手并无神，神功全凭练；光荣花，花则有光，光源来自党。

※　本文刊于《散文选刊·下半月》2016年第4期

为《怀念密友》画·张江丹／中国美术家协会理事，中国国家画院副院长

呼唤童真

/

　　我近来有点坐卧不宁。越是想让自己平静下来，越是无法平静。

　　我终于忍不住内心的忐忑不安。我要站起来奋力呼唤，呼唤童真！为了我可爱的孙儿。

　　我原先一直认为小孙儿生活得很幸福。他今年五岁半了，我这样的认知保持了六年多。其实，左邻右舍也是这么看的。我有一天领着孙儿在外面转，碰见小区里的老太太，她们冲着小孙儿啧啧称羡：这小宝贝真是掉到福窝里了！我的幸福感不断地被这样的认知充盈、放大着。

　　这个小生命从孕育开始，刚有点动静，就把爱布撒在我家的角角落落。老伴平日里沉默寡言，得知此讯，也情不自禁地把喜悦写在了脸上，立马免除了儿媳的所有家务，整天翻着报刊寻找着怎样有利于胎儿发育生长的信息，专门上新华书店买来了几本孕期生活必读之类的书籍，一星期不重样地调剂着伙食，昨天包蒸饺，今天炖老母鸡，明天又要熬排骨汤，看到书上说吃核桃有利于胎儿脑细胞发育，每天就让儿媳妇吃几颗核桃，听说鱼吃多了小孩聪明，便隔三差五地烹呀，煎呀，蒸呀，变着花样做鱼吃。后来又听说河鱼是喂养的，饲料里有添加剂，从此便不买河鱼专挑深海鱼买回家吃。一日忽又看见书上说吃海参能提高免疫力，便把我珍藏多年舍不得吃的几斤辽参翻腾出来，发泡清洗煮熟，一天给儿媳吃一条，吃得儿媳产后去查体，结果是年纪轻轻的竟患了个脂肪肝！

孙儿出生后，见风就长，一天一个样，老伴对孙儿关爱的热情随着孙儿的成长在成倍地高涨着。她待孙儿那真是捧在手上怕摔着，含在嘴里怕化了。喂奶喂水，换洗尿布，擦洗身上，晚上陪睡，反正一个婴儿成长需要得到的帮助，她全承包了下来，伺候孙儿的精心程度是任何一位金牌月嫂都难以企及的。儿媳产假过后要去上班工作，儿子又在外地，照料孙儿吃喝拉撒睡的任务，她理所当然地承担了起来，整天身体疲惫但精神愉悦着。看着她几年来没黑没明忙前忙后的身影，不了解详情的人准会以为这孩子是她生的呢！

其实在这个世界上，最伟大、最珍贵、最无私的爱当数父母对子女的爱。我的孙儿也毫无例外地接受着来自他父母不同方式的爱。

儿媳对孙儿的爱更多地转化成了知识的灌输。她怀孕期间就搞起了胎教、母子对话之类的活动。一会儿听音乐，一会儿朗读美文，一会儿摸着肚皮与宝宝对话，而且她坚信孩子在肚子里能看见她的举动、听见她的声音、理解她的苦心。她就这样润物无声地把自己的理想转化成孩子努力的方向，把自己的爱好转化成孩子的习惯，把自己的目标转化成孩子必须完成的作业。先不说孙儿一个礼拜在幼儿园五天时间学了什么、做了什么，反正课余时间安排得满满的。昨天刚去学了绘画，今天又要去学英语，明天还要去练钢琴，继而还要拼图、健身等等举不胜举。我曾经问过儿媳，让孩子学钢琴有用吗？她说学钢琴能开发智力且好处多多。能否开发智力我没看到，但我知道她妈妈在儿媳小的时候就是这样培养她的。她妈妈因为儿媳少年时钢琴考了国家九级而感到无限荣光，女儿出嫁时还花了一笔钱买了架名牌钢琴作为嫁妆送到我家，占了大半间房子不说，七八年来盖在钢琴上的那一块墨绿色绒布几乎就没人揭开过。有一年在我的提议下，儿媳总算演奏了一曲《莫斯科郊外的晚上》，终于使那架钢琴到我家七八年来发出了悦耳的声音，而且是唯一的一次。现在她又用当年她母亲培养她的办法来培养儿子并不喜欢的技艺，我不能想象，孙儿学会了钢琴长大以后是否也会把这门手艺束之高阁。

儿子的生命中孙儿占有不可替代的重要地位。他对孩子的爱则更多地体现在充当"严父"的角色上。尽管儿子远在千里之外，在百忙的军务中还总牵挂着自己的爱子，昨天寄来几本识字书，今天托运来一辆电动玩具车，后天又该打来电话想与儿子说话了，即便在休假的几十天时间里，也总忘不了规范着孙儿的言行举止，常常弄得孩子很不开心。我总是袒护着孙儿免其自尊心受到伤害，又要在孙儿面前维护着儿子当父亲的尊严，对我而言，常常是面临两难呀！

孙儿既是我唯一的孙子，也是他外婆唯一的外孙。外婆对这唯一的外孙也是关爱有加。她昨天找某大医院的营养科为外孙配食谱，今天又去买外孙喜欢的玩具车，明天又会去给外孙买衣服。这不，夏天刚来，秋装都买好了。

小孙儿浸润在这样的生活氛围中，任何人都不会说他不幸福。然而，又有谁关注过，他作为一个自然人，是否持有自己该有的童真与童趣?！今年春节后孙儿与我的一次对话，彻底颠覆了我原本认为他很幸福的看法。

那天早饭后，老伴上街买菜去了，我在家翻开稿纸，准备写点东西。正在客厅摆弄玩具的孙儿，突然跑到我面前，仰起那张可爱又幼稚的脸庞，睁着一双疑惑的眼睛对我说：爷爷，我想问您个问题。我立马答道：好呀！你说吧。爷爷您是不是将军？我说是呀。那您是不是大官？我说不是，爷爷已经退休了，什么官也不是。他又问，大官是不是很有钱？我闻此言为之一惊！我真没想到一个五岁多的孩子会提出这样一个问题，便思忖如何深入浅出、简单易懂地给孩子以说明。我说：大官也是挣工资的，不会有很多钱。有很多钱的大官是坏官，是贪污受贿得来的钱，明白不？孙儿似懂非懂地点了点头。他接着又问：爷爷，那什么是财产？我说：财产就是自己买的房子呀，衣服呀，家具呀，还有自己挣的钱，这些都是自己的财产。他说：哦，知道啦，那我给外婆打个电话，告诉她我画的那张画不卖了！那是我的财产！说完，便又去一旁摆弄玩具去了。

望着孙儿的背影，我顿感有一种莫名的悲怆，五味杂陈霎时齐涌心头。大官、有钱、财产这些字眼什么时候偷偷钻进了他的头脑，占据了他的心房，难怪他身上的童真越来越少，更不要说童趣了。再说，这不应该是他这个年龄要思考的问题呀！

由此我想到我与孙儿年龄相仿时的光景。尽管那是一个物质极其匮乏，常常要与肚子饿做斗争的年代。艰苦的生活条件并没有吞噬我的童真与童趣，成长中的人性能自由伸展。尽管肚子里装的是野菜米汤，却丝毫不影响我在门前大路旁的尘土里尿泡尿，和成泥巴，与小伙伴们比赛摔鼓破，泥巴落在地上"啪"的一声，换来我们一阵开心的笑声。我还可以聚精会神地看蚂蚁上树，追着看屎壳郎滚粪蛋儿，爬到高高的榆树上在喜鹊窝里掏鸟蛋……我至今依旧十分留恋上小学前，我那无忧无虑的纯粹快乐的童年时光。

我曾到位于俄罗斯的苏联时期的社会主义集体农庄考察过，我发现那里的学龄前儿童是人性且任性地成长着，他们那儿的小学生上午九点到学校学习，下午四点便放学回家，回家后即冲个热水澡，换上舒适的睡衣，或看会儿电视，或弹会儿钢琴，或逗着宠物猫狗玩耍，压根儿就没有课外作业那一说。我就想不明白了，他们那一套教育理念、教育方式怎么照样培养出了一批世界级的科学家和大文豪。

我喜欢阅读世界各国的名人传。我还没发现哪位总统、哪位文豪、哪位艺术家的成功之路是他父母从小就给设计好的，或者说是按照父母设计好、铺就好的道路走向成功的。

我还喜欢到国内外的原始森林中去徜徉去观赏。面对着那一棵棵参天大树栋梁之材，我常想，假如树的躯干上没有向四周伸展出的枝枝叶叶，这棵大树在狂风骤雨中是否还能保持住平衡？假如有人好心地修剪掉那些枝枝叶叶，只留下树干，这棵大树还会成为参天大树并如此挺拔吗？

我在夜深人静时联想起我们的孩子。我们这一代人的孩子大都是独生子女。正因为是独生子女的缘故，我们在给他们创造幸福的同时，也给予了他们一些溺爱。使我们的一些孩子或多或少地忘却了做人的基本道德，使他们缺失了责任心、爱心和感恩之心，养成了对父母任性、好发脾气、追求虚荣、不思进取、只顾自己、懒惰成性、依赖父母等坏习惯。现在孙儿这一辈人不但成了独生子女，还成了独生孙子，独生外孙。六个成年人终生积累的财富汇集于他一身。物质上你不能不说他很幸福，他在成倍得到物质财富的同时，会不会成倍地在自己身上放大他父母身上的那些缺点？这样的一代人二三十年后成为社会的主体力量时，他们那时能否独立生存，会否误入歧途，甚至越走越远，越陷越深？想到这里，我真有点不寒而栗！

其实孙儿并不是一点童真都没有，更不是天生不会享受童趣，只是所有关爱他的人，以爱的名义，给予了他太多的约束。诸如不准喝饮料、不准吃雪糕、不准在外面小摊上吃饭……这些不准远远超过了约束领导干部行为的"十不准"。前几天，我带着孙儿到服务社买东西，孙儿在老远的地方，一双眼睛却早早地盯上了烤箱上面油光闪亮、香味扑鼻的烤火腿肠。因为担心火腿肠含有添加剂，此肠也在不准吃之列。我佯装没看见，便给他买了一杯鲜果汁。他正喝着，突然仰起脸，睁着一对乞求的眼睛对我说：爷爷！本来我不想吃烤肠，但我看见那个小朋友在吃呢，我就嘴馋得不得了！这时，孙儿的童真展现得淋漓尽致，孙儿的话语直刺我心，一股爱怜湿润了我的双眼。此时，看着孙儿的童真，我犹如一峰行进在沙漠中的骆驼，口渴难忍时望见了一汪清泉！走！爷爷去给你买！！可惜的是，几年来，这种情景我看见得太少了。

再过几个月，孙儿就要上小学了。从跨入校门那一天开始，孙儿的童年时代就结束了。作为自然人，他该拥有童真、享受童趣的。他的确不该过早地老到和成熟。早熟的孩子有点像那大棚里用化学剂催熟的瓜果，颜色虽然好看，味道不对呀！所以我要迫不及待地奋力呼唤！

我呼唤得是不是有点太晚？

我多么希望我的呼唤不是徒劳的！

作者与爱孙2015年8月在中俄边境合影

归·途·拾·光

白蒸馍

/

我爱白蒸馍。

我爱白蒸馍刚出笼时那润圆的姿态，我爱白蒸馍掰开时散发出那淡淡的麦香，我爱吃白蒸馍时上下牙齿之间那富有弹性的感觉，我更爱白蒸馍夹上两片条子肉，抹上一层油泼辣子，咬上一口，那满嘴的香哟！

我清晰地记得小时候经常唱的一首儿歌："过年好，过年好，吃白馍，砸核桃……"在那物质匮乏生活窘迫的年代，我们家和大多数村民一样，只有到过年时才能吃上几顿白蒸馍。盼过年能吃上白蒸馍成为我儿时的一种奢望。家里平时日子过得再拮据，无论如何也要攒下点白面蒸几笼白蒸馍的。我家孩子多粮食少，父母亲总是把蒸年馍的时间尽量往后推，放在腊月二十九或大年三十，怕的是早蒸好早吃完了呗！每到蒸年馍那一天，父母早早起来开始忙活，和面呀，发面呀，揉面呀，我们兄弟姊妹也是早早起来跑前跟后地跟着瞎忙活。第一锅馍是过年走亲访友用的。要蒸几十个油角角馍和花卷馍，那是送给长辈拜年的，还有那些眼镶红豆口含辣椒的碱娃馍，那是回送给小字辈用的。最后要蒸些白蒸馍是自家过年吃的。我记得如果年景好麦子收得多，蒸的白蒸馍能吃到十五呢。

但多数情况下，我们家的白蒸馍过完初五就吃完了。要想再吃到白蒸馍，只能是一年光景的耐心等待。让我记忆犹新备感兴奋的是，每到蒸年馍时，母亲都会给我们几个孩子一人一块面团，让孩子们自己做一条鲤鱼馍，以求来年吉庆有余。我每次都会从案板上的大面团上再拽上一块面，总想着把属于我的那条鲤鱼馍做得又长又胖，为的是能多吃上一口白馍呀！鱼眼睛本来镶上两颗黑豆就挺合适，我却非要妈妈给两颗大红枣做鱼眼睛，可不，又多占了两个枣的便宜。此后几天，随着笼里白蒸馍的不断减少，我们家年味也越来越淡。待到家里最后一个白蒸馍消失了，我们家的新年就算过完了。但在我心中年还没有过完呢！因为我还有一条白蒸馍般的大鲤鱼呢！我今天开始吃它一块尾巴，明天又吃它一块肚皮……

过年那几天，老父亲总会给全家每个人另外拿出两个白蒸馍，用刀一切两半，夹上两片薄如蝉翼的大肉，撒上一点食盐和花椒粉，那便是我一生记忆中吃过的最香的肉夹馍了！

我还喜欢吃放冷了的白蒸馍，冷馍吃到嘴里是酥酥的感觉。而且是一层一层剥着慢慢吃，真是舍不得很快把一个白蒸馍吃完啊！这也使我养成了一种吃馍的习惯，以至于现在吃白蒸馍都喜欢一层一层剥着吃。

父母为了鼓励我们好好读书将来能有出息，时常在我们耳边唠叨："书中自有白蒸馍！"可我高中毕业了，不要说吃白蒸馍，连黑蒸馍也吃不上，苞谷馍有时还断顿呢！1972年12月份，当部队的同志来到镇上接兵时，我义无反顾地报名参军了。我参军的最直接最大的动因就是冲着能吃到白蒸馍而去的。报效祖国献身国防的信念是到部队后通过教育才逐步确立起来的。入伍前对部队生活的想象是顿顿白蒸馍，天天吃大肉。谁知道穿上军装步入部队所经历的并不是那么一回事。部队吃饭也是有定量的，每人每天一斤半粮食，粗粮细粮按比例搭配，每天四毛五分钱的伙食费。还经常一日三餐早上吃发糕或高粱米，两盘咸菜，午餐是白蒸馍或大米饭，一个肉菜一个青菜，晚餐一般是二面馍二米饭，菜是豆腐粉条或土豆片之类，偶尔蒸顿包子或花卷作为调剂。最要命的是白蒸馍按人头发，每人三个，若吃不饱就只能喝苞米糊糊了，我们当时把这戏称为"吃完蒸馍灌缝子"！这一灌，感觉肚子就饱了。

有一天，连队要突击完成一项任务，炊事班破例多蒸了一锅白馍，让大家放开肚子尽饱吃。有位叫林栓栓的新战士，还是我们富平老乡呢，一顿竟吃了十三个白蒸馍，要知道十三个二两重的白蒸馍放在案板上是一堆，盛在饭盆里是满满的一盆哪！我至今都弄不明白他的肚子里一次怎么会装下那么多白蒸馍！就连见多识广的老班长当时也惊得目瞪口呆。连队晚上点名时，只听指导员王维起宣布：经连队党支部研究，从明天起，每顿给林栓栓同志发六个馒头！天哪！大家都是每人三个，他比大家多吃一倍呀！仔细一想，六个馒头才是他饭量的一半啊！

1976年10月，部队拉练到了六盘山下，住在一个叫牛营子的村子里。"六盘山上高峰，红旗漫卷西风，今日长缨在手，何时缚住苍龙。"六盘山在伟人笔下如诗如画举世闻名。那时候，压迫剥削人民的苍龙早被缚住了，但饥饿似条毒蛇却死死地缠住了当地群众，村民生活在极度贫困之中。我们班住在房东王大爷家的一间茅草屋里，王大爷六十多岁了，家有老伴和一个二十多岁的姑娘，一家三口人，白天在生产队组织下修"大寨田"，等到晚上收工回来，我们才能与大爷聊会儿天。有天做晚饭时，我帮大娘烧火，才发现她做的晚饭是在锅里放一层土豆，撒一层玉米面，再放一层土豆，然后再撒一层玉米面，浇点水，水烧干了，饭就熟了。用锅铲把土豆与玉米面搅匀，盛在碗里便是晚餐。他们家常年吃的菜只有两种：咸菜和酸菜。我问大娘：天天都吃这个吗？大娘叹了一口气说：一天两顿都是这！唉，就这能吃饱就很好了。听了这话，我只感觉鼻子发酸！多淳朴的老乡，多艰难的生活啊！有一天，王大爷突然卧病在床。晚上连队开饭时，我示意副班长小何吃完后多揣两个白蒸馍拿给王大爷吃，当王大爷伸着颤抖的手捧着两个白蒸馍时，两行热泪涌出了他那双浑浊的眼睛。他给我们说，他活了六十一岁了，这是第二次吃到白蒸馍。第一次是1965年下陇洲当麦客时，在陇县吃了几天白蒸馍。此情此景，使我们受到莫大的震撼和教育，大约从那天起，我当兵的目的就不再是为着能吃上白蒸馍了。

2001年，组织上委派我赴俄罗斯伏龙芝军事学院留学，该学院与马林诺夫斯基装甲兵学院重组，新命名为俄罗斯联邦武装力量合成学院。提起俄罗斯，苏联是一个绕不过去的话题，中国近一个世纪发生的许许多多的重大事件，都与"苏联"这个已成为历史的名字纠缠在一起，无论是春光明媚还是暴风骤雨。曾高高飘扬在克里姆林宫上的镶嵌镰刀斧头的旗帜和耀眼的红星，在我们这一代人心灵最深处，留下了无法抹去的红色记忆。带着这样的红色情结，身处这样的国度，我对脚下那片土地既有激情和厚爱，也有失落和郁闷。克里姆林宫依然是那样庄严雄伟，但社会制度已面目全非，俄罗斯姑娘依然是那样俏丽多姿，人们的生活却每况愈下。我在域外，尽管每天住着舒适的公寓，看着美丽的风景，学着先进的军事知识，吃着洋面包夹肉肠，还时不时地欣赏着洋妞，味蕾却经常唤起我对白蒸馍的回忆。洋面包吃三天挺新鲜，一个礼拜还可以，两个礼拜下来，我就馋得不得了。索性上街买点面粉自己蒸呗。谁料想偌大的莫斯科街道上的超市里，只有面包粉。叽里哇啦与售货员比画一通，总算又买到一包发酵粉。于是自己发面做起白蒸馍来。经过一番忙碌，蒸熟后揭开锅一看，模样挺像白蒸馍，吃起来却有点面包味，介于白蒸馍与洋面包之间那种味道吧！也算是一个中外结合的产物，不管怎么说，它多少满足了我吃白蒸馍的欲望。有一天晚上，我正在收拾蒸好的馍，一起留学的黄副师长走到我身旁后欲言又止，我看了他一眼，问道：有事吗，老黄？他有点不好意思地说：能不能把你蒸的馒头给我吃一个？可以啊！我很爽快地回答，顺手送给他一个。他连说谢谢！当即便吃起来。我立马意识到，我们一同留学的七位师旅长，来到俄罗斯两个月了，两个月没吃到白蒸馍，这南方人也馋呢。随即给大家一人送了一个。我还半开玩笑地说：让你们解个馋可以，供你们吃饱我可做不到啊！

最近几年，每当我看见或吃白蒸馍时，我总会想起我逝去的父亲。他老人家真是有饭量时没馍吃，有馍吃了没饭量。他一米七五的个头，一副伟岸的身躯，是村里有名的大力士。当了二十多年的生产队副队长，在生产队里率领大家干农活，每天总是第一个到田间地头，收工时却总是最后一个离开。父亲几乎每顿饭都背靠着前门板蹲在那里吃，肚皮上那三道深深的褶皱从来就没舒展过。等我长大后才体会到父亲前半世一直处在半饱状态，他怕饿着我们，不敢吃饱啊！待到以后家里有粮食了，能吃上白蒸馍了，他却胃上有了毛病，待把病看好了，人却老了，吃饱了消化不了。这就是我那苦命的父亲，一生都没有吃饱过白蒸馍的父亲。

我现在生活条件好了，天天都能尽饱地吃上白蒸馍。近几年我几乎尝遍了古城里几家食品店里的白蒸馍，却再也体味不到当年吃白蒸馍时的那种淡淡的麦香，咬在口里那富有弹性的感觉了……

我还能吃到儿时那纯正的白蒸馍吗？

※ 本文刊于《美文》2017年第3期、《文学陕军》2018年3月30日、《散文选刊·下半月》2016年第9期、《西安日报》2016年5月20日

人的灵魂最纯洁的地方

我原以为人的灵魂最纯洁的地方在教堂，后来才发现去教堂的人不论干过坏事还是没干过，到教堂都是去忏悔的，求真主赎罪超度的。

我又以为人的灵魂最纯洁的地方在寺庙，继而发现进寺庙的信男信女不是还愿的，就是许愿祈求升官发财升学就业避祸得福祛病保平安的。连活佛、住持都是论贡银多少而行事了。

许久没有解开此心结。

周末，我和高翻译相约去看"西洋景"，行前内心甚至还揣了点淫念。

乘莫斯科地铁行至郊外，步入原始森林般的境地。沿途树木葱茏，曲径幽静，草坪郁郁葱葱，河流湖泊清澈见底，犹如仙境一般。行走千米，便到了当地人称之为的一号浴场。男男女女散落在这野外浴场上，男士穿小短裤，女士三点式，小孩光屁股。打眼一看就是家庭式的。人们千姿百态，或游泳按摩、日浴看书，或喝酒嬉戏，悠闲自得。继续前行千米，便到二号浴场，景观如前，人也不少。只是没有老人孩子，全是年轻男女，谁也弄不清这一对一对是夫妇还是情人。继续前行两公里，便进入三号浴场，这里则是另一番景象。首先映入眼帘的是真枪实弹的警察来回巡逻，偌大的沙滩、草坪上，千把人，不分国籍、性别、年龄、肤色，全部裸体。有打沙滩排球的、有不分男女排队买烧烤啤酒的、游泳的、日光浴的、按摩的，偶有新贵年轻男士一人带五六个金发美女陪其游泳按摩的。也有极个别激情燃烧控制不了的，边上就是原始森林，你必须到里面去，进入公众视野，警察就找你麻烦了。我俩因穿着衣服倒成了全场的怪物一般。高翻译鼓动我入乡随俗脱掉衣服吧！我说不习惯啊，脱光了肯定不会走路了。全浴场也就我俩穿着三角短裤。

刚席沙而坐，便有三个美女躺在我身边晒太阳了。我们晒太阳都习惯背向太阳，这老外可都是面向太阳晒啊！朋友！看到这里，可能会激发起了你非常丰富的想象力……其实那时我所感受的只是：人体竟是如此之美！这才是自由自在自然人！内心竟是如此坦荡纯洁！

脱光了不见得就是淫秽的，往往淫秽的心灵都被衣服包裹着！

本来我带着相机，最终也没好意思拿出来拍照。拍此照还有意义吗？

※ 本文刊于《西北军事文学》2015年第6期

作者在俄罗斯莫斯科郊区著名的野外浴场留影

秋月

/

　　晚霞在天边慢慢地、慢慢地消散了她那绚丽的颜色，秋月从另一边悄悄地、悄悄地爬上了树梢。不知不觉她就像一轮硕大的银盘挂在了当空，银色的、淡淡的光芒洒满了大地。徐徐秋风不时送来几丝清凉，几只蛐蛐在窗沿下的花丛中欢叫着，小孙儿在一旁尽情地摆弄着他那一大堆玩具。我举头望月，月亮也深情地看着我，我们似乎都有满肚子的知心话要说……

　　秋月啊！你每年每月都来光顾我，可只有在这仲秋，我们才处在了相对而视的最佳位置、最佳心境。冬天里，北风刺骨，雪花飘飘，谁会顶着凛冽的寒风去欣赏你？春天里，万物复苏，最为忙碌，常常是人困马乏，倒头便睡，哪有闲情去欣赏？夏天里，酷热难当，汗流浃背，蚊叮虫咬，哪有心情去欣赏你？唯有秋天，瓜果飘香，庄稼成熟，我也才会带着成熟来凝视你！"爷爷！我要看《熊出没》！"小孙儿一声呼唤，打断了我的遐思，却开启了我回忆往事的闸门……

秋月啊！你满足过我吃到半块月饼的奢望。我的童年是在贫穷、辛酸、饥饿中度过的。中国汉语的词汇是很丰富的，但我至今没有找到描述童年饥饿难忍那种滋味的贴切语句。过年与中秋节是一年中最重要的两个节日。过年，富人叫过年，穷人叫过难啊！盼中秋节吃到月饼，自然成了一种奢望。我家兄弟姊妹多，老母亲只能把那干巴巴的几块月饼切成两半，盛在盘子里，放在院子中间的小桌子上，叫先供月，而后每人半块。那时，我一边看着盘中月饼，不断用舌头舔着嘴唇，咽着口水，一边不断叫嚷着，月亮怎么还没升起来呀?！待到秋月当空，半块月饼也分到手中。我先揭掉最上面黄中略焦的那一层，放在口中，满嘴的香啊！继而在馅中掐上两根红绿丝放在口中，那个甜哟，是透心的！吃了一点儿，竟把手中剩下的一丁点儿藏起来，以便第二天还能吃到；可过了一会儿，又把那一小块翻腾出来了……一年盼秋月，其实是在盼吃一口月饼！现在的月饼，从材质、工艺、色形、味道其实早已超过了当年那种，但却始终没有淹没半个世纪前留在我齿间的那种余香。

秋月啊！你让我丢掉了幻想而脚踏实地地前进着。十八岁从军后，白天总是紧紧张张地训练。夜间站岗两小时，便是产生幻想的时间。在那个以阶级斗争为纲的年代里，好像随时随地冷不丁就会冒出个阶级敌人来！加上连长经常教导我们：睡觉也要睁只眼！更加增强了我站岗时的神圣、警惕与紧张！我紧紧握着手中的钢枪，枪刺在秋月下闪着寒光。我高度警觉地观察着周围，幻想着突然蹿出个坏人来袭击，我拼命与其搏斗、负伤、战胜，进而抢救、住院、慰问、鲜花、荣誉接踵而来……突然，一阵沙沙的脚步声切断了我的思绪。"口令？""黄河！""回令？""长江！"哦，战友换岗来了。我甩了甩握枪握得酸痛的手腕，擦了擦额头的冷汗，悻悻地返回营区。以后的日子里，幻想的情景始终没有出现。反倒是月光下经常有我练射击、练刺杀、练投弹的身影，开始脚踏实地地在军旅征程上前行着……

秋月啊！我现在看着你，活得很充实。我感觉你的光芒不再是冷色，而是那样的清澈、舒适。以至秋色也不再凋零，而是丰富多彩。甚至秋雨不再凄婉，而是悦耳惬意。甚至秋风，不再萧瑟……

秋月啊，谢谢你！

※　本文刊于《西北军事文学》2015年第6期、《海外文摘》2015年第12期、《陕西日报》"秦岭"副刊2015年11月19日

为《秋月》画·苗再新/第十一届全国美展金奖得主、中国美术家协会理事、国家一级美术师

为《秋月》画·裴绍森/中国国家画院研究员，著名画家

秋雨

/

夜半，我被沥沥的秋雨吵醒，辗转反侧，再难入睡，思绪硬是被秋雨声拖拽到了少儿时代。

我怨恨秋雨。那是少儿求学之初。早上要上学去，推开房门，风推着雨，雨挟着风迎面扑来，冷飕飕的。深秋的风雨是寒冷的。门前老槐树的枝条在一阵又一阵的寒风中无奈但顽强地摇曳着，半绿半黄的树叶一拨又一拨不情愿地散落在湿淋淋的地面上。我拿起家中唯一的半条破麻袋，对角顶在头上，便是抵御风雨的简易斗篷，把裤腿挽到大腿根，把老母亲一针一线做的那双粗布鞋别在后腰间的裤带上，光着一双冻得发红的小脚，顶着风雨，踩着泥泞，十个脚趾牢牢抓着地面防止跌倒，艰难地前行在上学的路上……那时，我多么希望有把油纸伞，但那是富人家才有的，希望有双雨鞋，那是城里人才穿得起的。

我热爱秋雨。那是思想启蒙之初。每当沥沥下着秋雨，平时终日在田间劳作的父母往往早早就进入了梦乡。十岁左右的我没有倦意，透过窗户看着天上黑一层白一层的云彩，等着大一阵小一阵落雨的声音，更喜欢听房檐的水流落进庭院中的那时紧时松、时快时慢、时强时弱、富有节奏、惬意悦耳的滴答声！那是我来到这个世界上听到的最美妙的音乐！它激发了我对人生的憧憬、幻想、希望，想着哪天能吃上白馍？长大了去干什么？何时能挣上钱？想来想去，一定要努力读书！不然只能吆牛后半截子了！

我感谢秋雨。那是退休闲暇之初。听着秋雨落地的声音，竟是那般美妙、悦耳，心情竟是如此恬静、舒畅。

啊……秋雨，请你每年都来会会我。

幻想

幻想是个好东西。

幻想犹如天际边那一朵彩云，绚丽、飘逸，人们明知抓不住，却还是伸长脖子在瞅着。

我从记事起就心存幻想。因为整天吃不饱饭，那时幻想的主题都是围绕解决肚子问题。经常仰望着空中飞翔的老鹰，幻想着它抓到一只野兔，在空中飞累了一不留意掉下来，让我捡回家美餐一顿。尽管这种情况从没发生过，但心中总留存了一丝希望。

长大后，看了一些书，才知道人类自有记载以来，就不断地幻想着、希望着、摸索着、失败着、成功着。幻想像无形的助推器，推动着人类社会这一巨大的车轮前行着。

据说很早很早以前，我们的先人看见雄鹰在空中自由飞翔，很是羡慕，也幻想着自己能飞到空中，于是，抓到雄鹰后砍下了两只翅膀，绑在自己两只胳膊上，从山顶飞下，结果可想而知。

这种结果并没有阻挡住莱特兄弟想飞上天的幻想。只是他们改进了工具，借助风力滑翔了五十六秒。也就这几十秒的腾飞，成就了两兄弟的幻想，成全了人们乘着飞机越洋跨洲的梦想，甚至阿波罗还在月球上留下了人类的几个脚印。

70年代在部队搞战术训练，印象最深刻的是要练二百米硬功夫，后来延长到四百米。说的是步兵在进攻战斗中，冲击发起前要利用炮火、炸药包、火箭爆破、人工排雷等手段，在敌前沿前障碍物中开辟一条通路。冲击发起后，敌方将集中火力封锁，我方须争分夺秒通过，这是最危险最残酷最累人的一段距离。战士们个个得把吃奶的劲使上。体质好的跑得上气不接下气，体质弱的把眼珠子都能睁出来。那时我当班长，曾幻想着，能背上个什么装备飞过去多好，说给大家听，结果引起大家哈哈大笑。没料到三十年后，我当特种部队大队长的那支部队，真的装备上了单兵飞行器。战士背上飞行器，只需轻轻一按开关，便能飞上蓝天，跨海越山。

有天训练休息时，战士小郑好奇地问我：班长，听说外国有五星级饭店，很高级，您知道那有多高级吗？我略一思索，随口说道：住五星级酒店，拉大便只需把裤子脱掉，拉完提起来就行。擦屁股的事都由机器来完成。大家又是一阵哈哈大笑，其实那是我的幻想。那会儿西安钟楼是什么样还没见过呢！况且当时大多数国人解决大便后的问题都是用土坷垃擦屁股。我们在部队算文明一些，也只能用旧报纸之类的东西解决问题。谁料到三十年后的今天，我们也居然用上了喜之郎坐便器，真是冲洗烘干一体化了。

70年代初期，部队"支左"的干部都撤回到原单位了。我们连一个排竟然有两三个排长。我们这些当了四五年兵的"老班长"，多少人幻想着能提个排长当当。我当时也有这个幻想，哪怕是个管厕所的排长也行啊。几十年过去了，回头看，不但当上了排长，后来还成长为共和国将军。

我记着我的起点，一个农民的儿子从农村参军来到部队，也记着我的现状，已成长为共和国将军，但更记着这两点之间我那深一脚浅一脚拼命向前挣扎留下的一串脚印。若没有那一串脚印，一切幻想都只能是镜中花，水中月。

记得一位伟人说过：丢掉幻想，准备斗争。那是在特定历史条件下说的话。人活一生，一定要心存幻想；有了幻想，才会有希望；有了希望，才会有科学；有了科学，才会有前行的动力。

人这一生啊！既要心存幻想，更要脚踏实地，让幻想不再是幻想。

※　本文刊于《海外文摘》2015年第12期

归·途·拾·光

一碗方便面

    1986年12月的一天，集团军裴怀亮军长要去华山基地调查研究，检查指导工作。处长安排我陪首长。早饭后，我们一行三人驱车由宝鸡前往华阴，宝鸡市距西安市两百余公里。当时路况差，车速自然不快。一路上，裴怀亮首长与我谈工作、聊家常，很亲切随和。中午十二时许，车行至西安。我请示首长午饭吃什么？首长当即说："你家不是在西安吗？我们顺便去你家坐坐，就在你家吃面条，可以吗？"我当时既高兴又担心，高兴的是首长这么大的官能到我家去，多光荣啊！我也能见到爱人儿子呀！担心的是当时没电话更没手机，无法通知家人。再说，那会儿不像现在，街上没有卖面条的，每次吃面得提前去压面。中午十二点半，首长、我和司机小曹一行三人到了我爱人所在单位，西安庆华电器厂。爱人当时在单位没有房，与岳父岳母儿子四个人，借住在单位一间十多平方米的简易房子里。正如我之所料，擀面条根本来不及。我清楚地记得当时岳母赶紧开了一瓶鱼罐头，炸了一盘花生米，西红柿炒鸡蛋、一盘青菜。本来家人中午要吃米饭的，一下子多了三人，不够吃呀！裴军长当时就说："有方便面也行啊！"一句话提醒了我，家里正好有方便面，是军机关发的福利，而且就是我们华山基地生产的。当时就煮了一锅方便面。首长还吃得津津有味！首长边吃饭边与家人聊天，他对爱人支持我的工作给予了充分肯定，对爱人的辛苦表示了慰问。饭后，我们即赶往华山基地。

一滴水能映出太阳的光芒。我一生吃过很多次方便面，几十年来能记住的，也就那一碗。从军长吃面条，折射出首长身居高位，严于律己的高贵品质，体现出了首长关心部属，生活简朴的优良作风。首长的这种风范几十年来一直深深地影响着我，鼓舞着我，激励着我。

※ 本文刊于《西北军事文学》2015年第6期、《海外文摘》2015年第12期

军长临战易参谋

1985年9月，集团军奉命组建侦察大队赴滇参加对越自卫反击作战任务。新组建的侦察大队指挥组，需从司令部作训处选定一名指挥参谋，对政治表现、家庭背景、个人经历、身体状况等方面要求很高。处领导也个别找我们几个人谈话征求了意见，实际是在检验我们对待参战的态度积极与否。我们几个参谋政治上还是很清醒坚定的，都表示要积极参战，服从组织决定。我自己心里也暗暗作了比较，我家庭出身贫苦、父母历史清白。本人当过四年连长，受过兰州军区通令嘉奖，连队被集团军表彰为教育训练优胜连。我任过团司令部作训参谋，又在石家庄高级指挥学校培训两年。唯我各方面条件最合适，遂把爱人也请到宝鸡告知原委。爱人很知情达理，鼓励我说：你放心去吧，家里老人、孩子我会照顾好的。果然如我所料，集团军党委常委会确定了参战人员。我是其中之一。我便义无反顾地做参战准备了。但隔了两天，集团军正式明确参战人员时，确定杨巧林同志去，没有我。

后来才知道，时任集团军参谋长裴怀亮首长了解到我弟弟已在云南八里河东山执行作战任务，他所在的部队是138师412团。我弟弟在一个连队任副连长。裴参谋长当即把这一情况报告给王克军长。王克军长马上表态："为国尽忠，家家有份，但一个家庭不宜弟兄俩同时参加，不然他们父母压力就太大了。"这样，就把我从参战名单上换了下来。

临战易参谋，在我人生中留下了难以磨灭的印记。不仅使我感受到集团军首长对我个人、家庭的关心照顾，更重要的是我感悟到，首长在处理重大具体问题时，始终自觉地坚持了我们党"实事求是"的思想路线，一切从实际出发的工作作风，具体问题具体分析，区别对待的工作方法。还使我感悟到首长平时工作作风很深入，对部属的家庭情况、个人能力素质等了如指掌。说实话，我当时的心情还是很复杂的。一方面积极要求参战的态度是坚定明确的，作为军人在关键时刻毫不含糊。另一方面，当时父亲患胃癌，孩子又小，不能说没有后顾之忧。以至后来，参战同志的职务很快得到提升，我至今都毫不后悔。几十年来，我都怀着一颗感恩之心，踏实地行进在部队建设的征程上，忠实地履行自己的职责，以期回报首长对我的培养、教育与关心。

※ 本文刊于《西北军事文学》2015年第6期、《海外文摘》2015年第12期

勇于争第一

　　我们作训处的同志在平时工作中争第一的意识非常强，每逢参加上级组织的重大活动，为军争创荣誉，成为每个人的高度自觉。

　　记得1984年9月间，集团军为准备参加兰州军区组织的军用枪射击竞赛，依托集团军教导大队，在青铜峡组建集团军军用枪射击代表队并集中训练。教练员从全军选调，队员则是从全军各师、旅、团层层选拔而来的。集团军司令部要委派一名同志担任领队，处领导决定让我担当此任。那个时期我们处里几个参谋分工明确，各司其职，独当一面，独立遂行任务的能力都比较强。我主管部队训练，又是曾代表63师1977年参加兰州军区军用枪射击竞赛的运动员。受命后，即赶赴青铜峡军教导大队指导射击队集训。一去就是两个月。在乔万顺大队长、施文求处长的大力支持下，我突出抓了三个方面：一是严格科学训练，把苦练与巧练有机结合。男、女运动员练无依托举枪时，一举就是两个小时，中途若放下一次，补加十分钟；采取多种形式开展评比竞赛，大大提高了队员参训的积极性、主动性、吃苦性。二是落实"封闭式"训练。近两个月集训，队员不得外出，亲友不准来队，甚至尽量不要写信。完全是在一种封闭状态下的"魔鬼式"训练。三是引进心理训练。80年代，部队还没这个提法呢。我亲自到宝鸡市体校聘请杨健教练，来集训队随队进行心理训练。通过心理疏导、引导、转移、暗示等多种手段，大幅提高了队员的训练成绩。由于青铜峡紫外线强，训练强度大，我们的男、女队员显得又黑又瘦，以致于一进赛场不少人戏称"煤球来了"。军用枪射击竞赛，共设七个团体奖。第一天，我们囊括两个第一，引起了军区机关和友邻队的高度注意。第二天又囊括三个第一，迎来了大家的赞叹！第三天夺得一个第一，一个第二名。至此，七个团体项目，我军代表队夺得六块金牌，一块银牌。军装参谋长专门打来电话，表示祝贺，感谢大家为我军争得了荣誉。当时，适逢兰州军区召开党委扩大会议，出席会议的王克军长、费龙山政委、裴怀亮参谋长专程来招待所接见军射击代表队全体成员，当即决定要重奖参赛队员，给了大家极大的鼓舞与鞭策。有名女队员叫徐宏，一个人夺得两个项目的金牌。军首长给她记了一等功，奖励了五百元奖品。当时可是重金奖励啊！有几位同志被记二等功，几乎人人都荣立三等功。

1985年6月，兰州军区又组织军事四项（不含游泳）和五公里武装越野两个团体项目的军事比武。处里又安排我负责此项工作。从队员的选拔、整队、集训、参赛，我和教导大队的领导一起精心组织，严格训练，有力保障。夺得了五公里武装越野团体项目金牌、军事四项团体银牌，又一次为二十一军争得了荣誉，使兰州军区首长、机关及友邻对我们二十一军部队军事训练的质量水平刮目相看，赞不绝口。

回忆在作训处工作的往事，我深深感悟到：如果说我在部队军旅几十年生涯中有点作为的话，全得益于首长的感召影响，启贤副处长的悉心点拨，作训处这块磨刀石的磨砺。

归·途·拾·光

谁说清明尽忧伤

　　清明节那天清晨，我起床后站在窗前，透过玻璃看见春雨如万条银丝从天上飘下，轻轻抚慰着历经严冬的树干，滋润着万物，蓬勃起生命的绚烂。

　　电话铃骤然响起，是远在千里之外服现役的贤侄华峰打来的，他告诉我，这会儿他正带着宝贝儿子驱车前往富平县康庄烈士陵园，让孩子从小接受一下革命传统和良好家风的熏陶。话语间无不洋溢着侄儿对先烈的尊崇和作为英烈晚辈的自豪。是啊！一个人，只有深刻地了解过去，才会更好地走向未来。我当即对侄儿的举动赞许有加。

　　回想起来，清明于我来讲，是一个多味的节日。少儿时，顶着霏霏细雨，穿着褴褛的衣衫，摸着饥肠辘辘的肚皮，跟随父辈跪在先人的坟前，我没有半点的忧伤生发出来，我甚至在心里埋怨先人们不该把我们一辈辈地带到这个贫穷的土地上，憧憬着在那很遥远很遥远的地方，一定会有一个吃得饱穿得暖的世界，我怎么没生在那个地方呢？中年时，随着年龄的增长，经历的世事多了，自然会生成一些新的情感。当又一个清明节来临时，我跪在父母坟前，从心底里知道由衷地感恩他们给予了我一条生命。面对那一堆爬满青草的黄土，双手拨弄着燃烧的纸钱，想到"子欲养而亲不待"，忧伤与酸楚一齐涌上心头，顿时热泪肆流。

而真正每逢清明让我备感忧伤的，是三十二年前弟弟在对越作战中的壮烈牺牲。说起弟弟，我的感情闸门就难以关闭。

我永远忘不了1986年1月31日那天下午，忘不了那天下午命运送给我的惶恐。命运送给我的，岂止是惶恐，紧跟其后的还有刺心的疼痛。记得当时我在军作训处任参谋，当天正跟随王克军长、裴怀亮参谋长在平凉四十里铺一个教导团筹备兰州军区的观摩会。下午四点左右，我感觉心慌得很，确实是坐卧不安，晚饭后去看电视，刚坐下没两分钟就出来了，几个战友约我打扑克，我连连摆手。童副处长还关切地问道：尹参谋你好像有什么事？我说：没有啊，就是心慌得很！一旁的战友还开玩笑说：是想媳妇儿子了吧！引得众人哄堂大笑。我没有笑，我笑不起来，只能把尴尬堆在脸上。

那莫名的惶恐，其实是亲人之间的一种心灵感应。我虽然不信神不信鬼，但我坚信骨肉之情，总是会通过一种神秘的信号在互相传递着信息，只是现代人还没破译它而已。事后得知，就在那个时辰，远在千里之外的云南麻栗坡县八里河东山413团4连3排的阵地上，弟弟正在组织全排战士挥汗如雨地抢修刚刚被敌人炮火摧毁的工事，以便继续抗击敌人的地面攻击，一些零星炮弹还时不时地在阵地附近炸响。突然，随着又一群炮弹在落地前凄厉的呼啸声，弟弟大喊一声："快隐蔽！"随即便扑倒在近旁一位战士的身上，一发罪恶的炮弹在他身旁爆炸了，炮弹掀起的巨浪混杂着血肉与泥土，翻滚在他们坚守的阵地上……共和国的旗帜上增添了一道血染的风采，父母亲却失去了一位好儿子，我失去了一位亲弟弟。

大约两个多月后，参战部队委派一位王姓军官来到富平县，分别向县委县政府领导及亲属通报了弟弟为掩护战友壮烈牺牲的经过，以及部队为其追记一等功的决定。考虑到父母年事已高且身患疾病，精神上经受不起老年丧子的深重打击，白副县长、民政局领导、参战部队以及乡镇领导在去我家慰问并告知父母弟弟牺牲的消息时，还专门带了一名医生以防不测。说实话，明眼人一看这一大帮人来到家中的阵势，料定十有八九出大事了。唯有我父母似乎还蒙在鼓里反应不过来。父亲木然地坐在门道的椅子上，母亲则是满脸的恐慌。白副县长说：我代表县委县政府来慰问您二老，你们养了一个好儿子，参战很勇敢，为家乡人争了光……母亲急忙打断白副县长的话，声音颤抖着追问：我娃现在咋样了？伤到哪里了？人在哪里？眼泪也随即夺眶而出。白副县长看了看我，欲言又止，泪眼婆娑。父亲端坐在椅子上，虽然一句话没说，一个字没问，放在膝盖上的双手却哗哗地抖动起来，痛苦迅即布满他那饱经沧桑的脸。一时间空气像凝固了一般。弟弟牺牲的噩耗，像一层窗户纸，谁也不愿捅破它，但这层纸迟早总得有人把它捅破呀！我万般无奈地哽咽着说道：弟弟再也回不来了！母亲听罢，便呼天抢地、撕心裂肺般地号啕大哭，几度晕厥。父亲这位憨厚的庄稼人，虽然大字不识，但大义他懂，况且他有着几十年党龄，他能掂量来家国情怀孰轻孰重。嫂子在一旁哭着安慰父亲：大（爸），您心里难受就哭出来吧！我泪眼蒙眬地看到，父亲没有哭，只有两行浊泪沿着他那布满皱纹的脸颊滚落下来。老年丧子的痛楚，白发人送黑发人的悲哀只有当事人才能切身感受到啊！

　　按照商定，我与夫人还有大哥代表父母亲由西安乘火车前往弟弟生前所在部队驻地山东潍坊市去处理善后事宜。弟媳和弟弟刚满周岁的宝贝女儿也生活在那座城市里。一路上我的神情很恍惚，我甚至不相信弟弟真的牺牲了，战场上那么乱，会不会是部队的同志搞错了？说不定敌人炮弹袭击时，弟弟刚好不在阵地上呢？他才二十七岁，不可能说没就没了呀？反正就这么在悲痛中胡思乱想着，以致在打开水时烫伤了我的手指头，心头和指头一块疼起来了。

　　我和弟弟是一根藤蔓上结出的两颗苦瓜。生在那个不逢时的年代和家徒四壁的家庭里，不论是命运还是血缘，都注定了我俩的童年要浸泡在苦水中。1959年收麦时节，我五岁，弟弟不满周岁，父母在生产队里割麦呀，碾场呀，推着硬轱辘车到几里外的镇上去交公粮呀，便把我俩锁在家里，盖好水缸防止我俩掉进去淹死，还叮嘱我在家照看弟弟。凉开水放在案板上，妈妈交代，天气热，要给弟弟喝两次水，我搬个小凳子站在上面才能够得着。然后，我俩就在院子里玩耍。弟弟还没学会走路，只会在院子里爬来爬去。父母交完公粮挣到工分，还能得到每人一碗凉粉的犒劳。父母便合着吃一碗，把另一碗端回家，算是对我照看好弟弟的奖赏。在有点芥末醋水的小黑瓷碗里，躺着几条豌豆粉，那便是我记忆中的美味佳肴了。记得有一天中午父母收工回到家，发现弟弟抓了两手屎尿，正往自己的身上抹着玩，母亲赶紧打来一盆水给弟弟清洗，一边哭一边骂我没有看好弟弟。我在父亲的怒吼中被惊醒，赶紧捂着惺忪的双眼等着挨打，我从指头缝里看见父亲高高举起的手掌又慢慢地落了下去。第二天，我找了一根绳子，一头拴在我的左手腕上，另一头拴在弟弟的脚腕上。防止自己睡着了弟弟满院子乱爬。

那一根绳子，拴住了我弟兄俩的身体，也联结紧了我俩以后的命运。

1976年国庆节前的一天上午，我们全连在窑洞门前一字儿排开组织擦枪，哨兵跑过来告诉我：一班长，你弟弟来了。我抬头一看，五年没见，弟弟长成了一个大小伙了。我当兵离开时，他还是一个不满十四岁的少年哪！弟弟在连队住了三天，也许是火热的军营生活感染了他，也许是适逢节日连队饭菜油水较大吸引了他，也许是参军入伍成为他脱离农村的唯一出路，临别时，他说：哥，我想明年当兵去！我说：当兵是一门苦差事，吃了苦不一定就有出息，要想有出息，必须能吃得苦中苦。1978年3月弟弟应征入伍。1979年初，全军进入一级战备，继而，他随所在部队出境作战，偷渡红河，横扫柑塘，攻占老街。弟弟在作战中英勇顽强，荣获三等战功一次，战后被作为战斗骨干，由成都军区交流到济南军区，入军校，提干部。在那两个月的时间里，为了保密，部队不准干部战士与任何人通信。两个儿子都在部队且生死不明，这可愁坏了我们的父母，两位老人茶饭不思，整天走村串户与其他军属打听消息，真是一夜愁得白了头啊！直到乡政府敲锣打鼓把弟弟参战和我在临战训练中双双立三等功的喜报送到家中，才消散了父母亲的一脸愁容。

1985年3月，上级一声令下，弟弟当时就职的413团所在部队开赴云南前线，弟弟所在连队驻守在八里河东山阵地上，他又一次面对六年前的敌人。打仗总是免不了死人的，这个道理我们都懂。弟弟在给我的一封来信中说："如果我在战斗中牺牲了，请兄不要告知多病的父母，善后事宜委托您全权处理。"我除了去信安抚弟弟既要英勇作战完成任务，又要注意安全保护好自己，还能再说什么呢？

有些事往往就是那么凑巧。当年10月，我所在的军奉命要组建一个侦察大队赴滇作战，指挥组要选一位作战参谋。我当过六年连长，数次立功，受过兰州军区通令表彰，又刚刚从军队院校培训回来且在军作训处当参谋。就凭这个经历，无疑我是第一人选。果不其然，军党委常委会研究确定让我参战。当晚，裴怀亮参谋长不知从哪了解到我弟已经在云南前线作战，一家若弟兄俩都去参战，父母压力太大了，遂把这个情况报告给了王克军长，首长当即表示：为国尽忠，家家有份，一家不宜弟兄两人同时参战，当即又把我换了下来。多年来，我一直猜想，说不定该牺牲的是我呢，却让弟弟替代了。

到了潍坊市，市民政局的魏科长热情地接待了我们。那儿不愧是革命老区，对军队对烈士家属很有感情，食宿安排得舒适可口，可我哪有心情品味下咽呀！处理善后，不外乎是骨灰在哪安葬，区区几千元的抚恤金怎样分配，烈士的遗物如何处理。当我看到那一对孤女寡母时，心都碎了，刚满周岁的侄女对死亡还没有任何概念，她哪里知道，从此，她再也听不到爸爸的呼唤，看不到爸爸的真容，更不要说钻在爸爸的怀抱里撒娇了啊！我对民政局的领导和弟媳讲：我一分钱的财物都不要，只把弟弟的骨灰带回老家，叶落归根，让他的灵魂陪伴父母吧。

富平县委县政府5月19日在县礼堂隆重召开了"为尹文杰烈士庆功大会"，县委县政府作出并在大会上宣读了"关于开展向尹文杰烈士学习的决定"。会后，县五套班子和县级部、局、委、办和各方代表都到县殡葬所追思缅怀了弟弟的英雄事迹，《陕西日报》专题报道了这一消息。弟弟以他血肉之躯为国尽忠，为家乡人民争了光。

可惜当时，偌大的富平县竟然没有一座烈士陵园，我那在苦水中泡大的弟弟，两次参战两次立功且以血肉之躯为国尽忠的弟弟，牺牲后却没有一处安放灵魂的地方，骨灰只能存放在殡葬所里。这一放，就是二十二年哪！二十二年，作为一名为了国家安宁英勇牺牲的烈士的兄长，忧伤始终笼罩在我的心头挥之不去啊！我的忧伤不仅仅来自政府对弟弟的这种"礼遇"，令我更忧虑的是：社会如此不尊崇军人，政府如此漠视烈士，当我们国家再遇到强敌挑衅或入侵时，还有多少军人会义无反顾地奔向战场慷慨赴死，为国尽忠！

其后，我曾经随团在出访欧洲期间，参观过卢森堡美军公墓。它是美国为第二次世界大战中阵亡烈士建立的十四个海外墓地之一。放眼望去，公墓被郁郁葱葱的树林所包围，在一大片绿油油的草坪上，埋葬着在著名的阿登战役中牺牲的美国军人，美军著名指挥官乔治·巴顿将军与他的士兵长眠在此。五千零七十六个白色大理石墓碑，每一个上面都刻着一个名字和生卒年月。它们在草地上呈辐射状排列成九个扇形的方阵，辐射状的中心伫立着旗杆，星条旗在空中飘扬，像是在检阅即将上阵的士兵，十分壮观。每年的5月23日，美军都会指派中将级别的军官以及烈士的亲属乘包机不远万里来出席纪念活动。不仅如此，管理人员每周都会按时清理墓碑，每月对墓碑抛光一次，每年对墓碑进行十六项不同指标的测量，每一项尺寸只允许一毫米的误差。当墓碑上刻字的深度浅于五毫米时，便立即更换，且不说该国的总统能亲自迎接阵亡士兵的灵柩，打电话慰问安抚烈士的亲属，仅此，他们尊崇军人敬仰烈士的举动就极大地震撼了我的心灵。

我赴俄留学期间，对俄罗斯社会、斯拉夫民族对军人的尊崇同样感触很深。在这个"二战"中为抗击德国法西斯侵略付出了两千七百多万人性命的国度里，几乎每个城市里都建有烈士公墓、纪念馆。抗击法西斯英雄功勋人物的雕像随处可见，每个纪念馆的墙上都刻满了烈士的名字。无名烈士墓前熊熊燃烧的火焰永不熄灭，年复一年日复一日地温热着这个民族每一个人的血液。为纪念反法西斯胜利六十周年建成的胜利广场更是气势恢宏，堪称世界一流。尊崇军人敬仰烈士在那个国度里已经成为一种文化传统、社会自觉和人的行为习惯。每逢节假日，当你漫步在大街上或公园里，总会见到挂满勋章的军人，人民定会给他们投去敬仰的目光。男女青年结婚当日，一定会专程去烈士公墓敬献鲜花，摄影留念。

我常想，一个国家要强大，一个民族要复兴，仅有经济发展、武器装备的先进是不够的，一个民族一定要确立自己的信仰与精神，一个军人一定要有对荣誉的追求。

现在，习主席铿锵有力地号召"让军人成为全社会尊崇的职业""不要让英雄既流血又流泪，让军人受到尊崇"。这个英明的远见卓识正在通过机制、法规、制度得到落实。富平县也在彭德怀、习仲勋当年指挥的康庄战役旧址上建成了一座烈士陵园，安放着解放军在康庄战役中牺牲的三十八名烈士，弟弟等几名在对越作战中牺牲的富平籍烈士也安放其中。说来也巧，安葬那天，康庄烈士陵园上空乌云密布，顷刻间下起瓢泼大雨，一时间地面水流成河，大雨足足持续了两个时辰，而康庄周边却晴空万里，莫不是英烈忠魂感动了苍天？

英烈忠魂所感动的，何止是苍天。

人民没有忘记。党政军民学及社会团体每年都要去祭奠英烈，看望弟弟和他的几位战友。重温英雄事迹，继承先烈遗志。

战友没有忘记。分布在全国各地的战友陆陆续续来了。前年有四位战友在弟弟的墓前长跪不起，痛哭流涕。那场景深深地感动了陵园管理人员及在场的群众。

亲友没有忘记。弟弟的亲生女儿尹婷带着孩子从千里之外来了，嫂子姐姐妹妹来了，弟弟的侄儿侄孙来了，为弟弟献上了鲜花香烟美酒，寄托着亲人们的一片哀思。

华峰侄儿为弟弟扫过墓后给我发来一条短信："祭奠过三叔，作为晚辈来说，我感受更多的不是忧伤，而是自豪，为家里能有这样的革命英烈和先辈而自豪，为习主席对革命烈士高度重视而自豪。对烈士的尊重，实质上就是对民族精神，对国家荣誉，对军人价值的尊重，是主席对实现中华民族伟大复兴事业的深沉忧思。当我站在三叔父墓碑前，看到碑文记载的英雄事迹和壮举，看到花园一样美丽的烈士陵园，看到有那么多人自发前来瞻仰祭扫，看到烈士亲人们脸上的欣慰和自豪，如果有一天爆发战争国家需要，我绝对会义无反顾、第一个报名上战场杀敌报国。联系十八大以来强国强军一系列重大战略决策，回过头来想，深深感到，习主席英明伟大！"侄儿这一席肺腑之言代表了一代青年人的共同心声，昭示了中国的未来与希望。

父母给弟弟的那个生命是短暂的，只存活了二十七岁，弟弟自己创造的生命是永久的，会继续蓬勃不息。

近年来，党和国家对军人的尊崇，人民对烈士的敬仰渐渐地稀释了笼罩在我心头的忧伤，随之而来充满我胸怀的是作为中国军人的自豪与欣慰。

适逢清明节，写下此文，以记。

锵哥印象

/

　　锵哥是一位执着往自己的心灵深处走的艺术大家。

　　那天我刚从板桥草堂他的画室出来，就有了写写这位艺术大家的创作冲动。令我产生冲动的不仅缘于他的画作，更缘于他用孩子般的眼睛观察这个世界，用诗人般的心情咏叹这个世界，用哲学家的头脑思考这个世界，用上苍赋予他那双工匠般的手，不！是用勤劳练就出来的那双巧手描绘这个世界。然而，我却迟迟没能动笔。我没动笔是因为我很纠结，担心凭我现在的笔下功夫，写出来的文章会不会矮化了这位艺术大家的思想境界与社会形象？若不动笔，我的内心翻腾得则更加厉害。因为他在往自己的心灵深处走的征途中，留下了有别于其他艺术大家的许多闪电般的东西。这些东西赋予了我太多的精神刺激。

　　他就是中国花鸟画领域能够承前启后，具有创造力和影响力的实力派画家陈永锵先生。其实在中国画界特别是在岭南，凡熟悉陈永锵的人不论男女老少官职高低从事何业，都称他"锵哥"，连小孩子见了也会称他"锵哥爷爷"，他发自内心地不愿任何人称他为"大师""大家""先生"之类的称呼。他接受别人称他"锵哥"时是那样的心安理得从容坦然。

我初次见锵哥两年前在古城西安的一次大型画展上。岭南几位花鸟画大家在陕西美术馆举办画展，友人邀我去观赏。我看画作有点像在大街上看美女，只要面容姣好身材苗条气质优雅，目光在其身上自然会多多停留，至于其有无内涵有无修养是否善良则看不出来也于我无关。我对绘画的构图、用笔、用墨、赋彩等技巧一窍不通，看画展是名副其实的走马观花。再说，花鸟画那雅致婉约的气息也很难拖住我的脚步与目光。然而，不承想我却在一幅巨大的《岭南风骨》作品前驻足良久。只见画面上木棉的躯干盘虬扭结，苍然突兀，它分明是在诉说着岁月的沧桑和人生的不易；那朵朵木棉花火红顽强而泰然绽放，分明是洋溢着对生活的激情和对生命的张扬。这幅画作沉雄逸迈之风对我造成极强的视觉冲击、心性震撼和情感上的共鸣，以至于我这个不懂画的人也能感受到画面中生命的律动，不由自主地击节叫好。我当即记住了这位作者的名字——陈永锵，这个名字瞬间便深深地镌刻在我的脑海中。

当天晚上，《国酒书画》总编文平先生宴请锵哥一行，邀请我出席作陪并与锵哥相邻而坐。锵哥给我的印象确实是画如其人，大气豪迈，率性不羁。他身高体宽，浓眉大眼，大鼻子大嘴巴大嗓门，声若洪钟，完全没有艺术家的那般斯文，他肯定把岁月的沧桑人生的屈辱与荣耀都掩藏在额头那几道深深的皱纹里了。他没有像有些成名的艺术家那样显摆自己。喜酒健谈，谈笑风生而不拘一格，时不时还调侃自己，甚至来段幽默的段子为大家助兴，或唱起一曲他改了词的流行歌曲，或即兴咏诗一首。他确实是率性而为。诚然，率性是需要本钱的，最大的本钱应该是心底的无私无垢与透明，我当时想。

当文平先生给他介绍《国酒书画》收藏了张江舟、尼玛泽仁和纪连彬三位中国当代著名画家根据我的一首诗合作创作的一幅画时，锵哥说，他早已看到过那幅画，打听这首诗的作者一年多了，原来就在身边啊！我们彼此多少有点相见恨晚的感觉。锵哥当即表示，他回广州后要把这首诗写好赠送予我。一周后，我便收到了锵哥的书法大作，甚为欢喜。

我在筹划出版《人生记忆》散文集之际，我的散文作品获得了"2015年度中国散文排行榜第十三名"，全国共有三十名作家获奖。中国当代几十位书画大家为这本文集书录作画，唯独还缺少岭南画派的名家助阵。我立马想到锵哥。但我知道锵哥作品的润笔费已是每平方尺数万元了，自己囊中羞涩，怎好开口？踌躇良久，终于抱着试一试的心态拟了条短信发给了锵哥。

人啊，爱好有时候确实会逾越理智的那条红线。

短信刚发出，我就十分自责与后悔了。不承想，没过十分钟，锵哥就给我来电话了，我十分清楚地记得他在电话中说：信息我看了，一是我十分乐意为你做这件事，二是分文不收，三是一周内作品快递寄到西安。一位艺术大家如此支持我这个退休后热心写散文的作者。我除了说声谢谢，还能怎么表达我的感激之情呢？

锵哥的这份情一直沉甸甸地搁置我的心里。

乙酉年岁末，欣闻锵哥要在广州美术馆筹办《日有所得》大型画展，展出的三百六十五幅画，记录了他一年来的所见所闻，所思所悟，是他人生往自己心灵深处走的一个缩影。我有了探寻这位艺术大家人生轨迹的冲动，也想借此专程去造访他，表达我对他的感激之情。所以，我便欣然主动前往了。

当我到达番禺时，锵哥已在板桥草堂他的画室门前等候我多时。

刚一见面，我向这位年近七旬且自己心目中敬重的艺术大家行军礼致敬，他竟"啪"地一个立正，还了一个标准的军礼！同时朗声道出他那句有名的格言：各就各位，匍匐前进！随后把我迎进他的画室。

"各就各位"是他对自己精准的定位；"匍匐前进"本是一句军语，是指在敌火压制下勇往直前所采取的姿势。我猜他把这句话作为格言，是在激励自己不论遇到多大的困难阻力抑或是崇高的荣誉，都要保持很低的姿态往自己确定的目标前进吧。

落座后，他喝酒，我喝茶，我俩海阔天空无拘无束地谈古论今。与锵哥这样率真善良的艺术家交流是没有任何障碍的。当然，我更多的只是倾听。我发现他一生都是用孩童般天真无邪的眼光观察这个世界。世间的一草一木，一枯一荣都客观地映像在他的脑海中，他把世间万物都视为有生命的东西，他看崖畔的一棵小松树，会感叹是哪一只飞鸟，抑或是哪一阵风把那一粒种子带至那个地方。他感谢崖缝里那一抔热土收留了那粒种子使其生根发芽顽强地成长并给这个世界带来一抹风景。他用哲学家的头脑看待并思考人世万物，黑格尔、罗丹等哲人的名言他会随口道出。一位艺术家一旦掌握了哲学这件武器，那是一件很可怕的事情，因为他会冷不丁创造出令人叹为观止的风景。他有诗人的情怀，对话中，他会即时即景又恰到好处地吟诵出唐诗宋词。他甚至会面对一棵树木伫立少顷，继而发出"树无言，它无知生命的意义，但挺拔起了生命的尊严！"这样的咏叹。我们在用餐时，他能对我俩的对话有感而发即兴诵读出一首诗，名曰《邂逅》，可惜的是其中有些岭南语我没听懂也没完全记住。他还有一双用勤劳练就出来的工匠之手，每天画画就是最好的佐证，他在画画中享受着属于自己的那一份快乐和精神上的自由。

锵哥在对两个儿子的培养教育上，也充分把持着人性的本真。他没有按自己的意志和喜好去硬性为孩子规划如何发展，而是充分尊重孩子在人生道路上的选择，只要方向正确，他都尽力扶持。所以，两个儿子都没有从事他所爱好的绘画事业。二儿子志彦给我说：他十几岁时，父亲带他去澳门旅游，面对那些赌场及灯红酒绿，他充满了好奇。父亲没有更多地说教，而是给了他两千元，让他到赌场去体验一把，但很郑重地告诉他："你记住，你不去赌，现在已经赢了两千元了！"结果他把钱输了，从此再没有进过赌场。现在他已在古琴收藏仿制、陶艺制作、艺术策划等方面做得风生水起了。

这次对话是我几十年来用时最长的一次私人对话，而且是与一位名声显赫的艺术大家。长达九个小时的对话，其间用餐两次也没中止我们的话题，因为我们都在往自己的心灵深处走。我们都是生命的歌者，平时他用画画，我用文字，那会儿我俩共同用语言。有趣的是，我平时喜欢把自己的所思所悟写在纸片上装在兜里以免忘记，临近对话结束时，我从兜里掏出一张纸片。上面是我写的："上马杀贼，下马吟诗""为生命而写，为生命而画，为生命而歌"，等等。他看后笑了，因为这些话都刚刚出自他口。特别是我俩的人生经历有许多相似之处。大约三十岁之前，我俩都是命运多舛。锵哥九岁为其蒙冤而身在狱中的父亲送过衣物，那种情景会对一个孩子的心灵产生多大的损伤？因为父亲问题的牵连，举家由城市迁往农村，他十几岁依靠为人画像谋生，等等。我们都有苦难的童年，都有人生受屈辱的一段经历，都有过曲折时的坚韧和得意成功时的张扬与清醒，因此就有了推心置腹说不完的话语。

人越往自己的心灵深处走，就越会抵近人性的本真。临别时，锵哥嘱我："这是一位艺术家与共和国将军的对话，你要把它写出来。"恭敬不如从命，聊以记之。

陈永锵先生在画室与作者合影

闲聊邓文迪

/

　　一位长相并非花容月貌，身材并非沉鱼落雁，脸蛋按照中国人审美标准看上去略显丑陋的华裔美籍女子，却以自己一桩又一桩的婚姻合离取舍在当今世界几大媒体上搅和得风生水起，让多少男人看得瞠目结舌又让多少心气颇高的美女自叹弗如。她便是全世界都在热议的一位叫邓文迪的女人。

　　看到这个名字，请对其人其事略知一二的朋友先免开尊口不要谩骂，平心静气切勿恼怒。因为三年前，当她与媒体大亨默多克因婚姻对簿公堂的新闻映入我眼中的时候，我也曾经为这个女人的道德操守愤怒过，甚至对这个女人为达名利不择手段而鄙视过她。事后细想，事情的原委远远没有我们想象的那么简单，我在汉语词汇里还真难找到一个确切的词语来形容或定性这个女人。

　　这个女人不寻常。20世纪60年代最后一个月里，她在山东济南出生，江苏徐州长大，读中学时，是学校排球队的一名普通队员。今年四十八岁，从十八岁始，三十年时光里，她走上了一条常人难以想象可望而不可攀登之路。

1987年她十八岁时，在广州上学期间设法认识了一位做短工的五十余岁的美国人杰瑞，之后提出要跟杰瑞的太太乔伊斯学英语，相处一段时间后，乔伊斯便回美国照顾孩子去了。杰瑞则为邓文迪大动感情，许诺资助她到美国留学直到其生活可以自立。

1988年邓文迪顺利赴美国留学，一年后与杰瑞结婚。婚后四个月，杰瑞发现邓文迪和一个比她大几岁的男青年沃尔夫有染。邓文迪明确告诉杰瑞，她对杰瑞是父亲般的感情，沃尔夫才是她的真爱。邓文迪熟知美国法律，外国人跟美国人结婚后，必须保持婚姻两年后才能拿到绿卡，邓文迪有这个本事。在此期间，邓文迪一方面与杰瑞同居生活，另一方面，还接受了沃尔夫资助她上学费昂贵的耶鲁大学。完事之后，才和杰瑞离婚并与沃尔夫"拜拜"。

邓文迪三十一岁那年，全美新闻集团高层聚会，按常理邓文迪没有任何资格参加，然而她设法出现在那个场合，还"有意不小心地"将红酒洒在媒体大亨默多克的裤子上，并当即半跪在地上为默多克擦拭。这个动作，为这位公司净资产四百亿美元的大亨留下了些许印象。次年，默多克来华参加一个会议，邓文迪又设法在飞机上与默多克"偶遇"并主动上前寒暄了几句。那几句话的具体内容我当然无从知道，我知道的是，就凭那几句话，邓文迪摧毁了默多克与第二任妻子用三十二年时间苦心建造的婚姻堡垒。默多克离婚十七天后便与邓文迪走进了婚姻的殿堂。我想，邓文迪与大她近四十岁的大亨结婚，一定是冲着钱财去的。我们能想到的，默多克早就想到了，并且制定了非常苛刻的婚前协议：作为妻子的邓文迪无权继承他的任何财产。没关系，邓文迪对此不慌不忙，当六十九岁的默多克发现患了前列腺癌需要做化疗手术前，邓文迪用他化疗前存下的冷冻精子受孕，三年内为其生下了两个女儿。两个女儿毫无悬念地分得了默多克公司的股份，这段婚姻维持了十四年。离婚使她获得了曼哈顿一套六千多万美元的不动产，北京紫禁城边一座价值过亿的四合院，一千四百万美元的婚姻补偿费，两人共有的珠宝和一半的艺术收藏品。

走入邓文迪生活中的第五个男人是大不列颠的英国前首相布莱尔，布莱尔是邓文迪大女儿的教父，相当于中国人的"干爹"吧。据说正是因为邓文迪与布莱尔有一腿，才导致默多克与其离婚。

邓文迪接着先后交往的两位男友就说简单点，一位是西姆，出身挪威家产过亿的富商，二十一岁，英国顶尖的小提琴家；另一位是匈牙利人，也是年方二十一岁，一线男模。你说这俩小伙子，那么多小花他不喜欢，他们怎么就偏偏喜欢上了这位半老徐娘呢？邓文迪毕竟四十八岁了啊！

在邓文迪身上发生的这些事，本来已成过眼云烟，谁料想美国《娱乐周刊》今年初刊出了一条爆炸性新闻，英国《明镜》等各大媒体积极跟进推波助澜，言称年已四十八岁的邓文迪亲自披挂上阵进军克里姆林宫，欲把普京大帝收入囊中。天哪！先不说这条新闻是真是假，害得克宫发言人赶紧出来"辟谣"。而有一个不争的事实是：3月28日邓文迪在圣巴斯岛携女儿坐上了阿布拉莫维奇价值三千五百万美元的游艇。阿布拉莫维奇是普京的密友，这艘游艇已于1月份赠送给了普京。这是多么不可能发生的事情，然而，所有不可能发生的事情一旦放到邓文迪身上，就很难再说不可能了。

邓文迪作为一名女人，穷尽了人世间所有女人与生俱来的所有奢望，在一无背景二无金钱的状况下，完全靠自己一步一步的努力攀上了集金钱、名利、地位于一身的人生高峰。

当然，在这个过程中，她也不断受到来自国人道德方面的谴责。对于道德，不同的国度不同的文化有不同的理解、取向和准则，我们认为不道德的东西，别人并不一定也这么看。

世上任何一件事情，其背后都有它发生和存在的理由，邓文迪无疑是一位成功的女人，当然存有她成功的理由。有一位伟人曾说过：要向我们的敌人学习。邓文迪起码不是敌人，我们有理由不妨学习一下她的优点。

她坚持创造理想。一个人成长的过程是不断地创造理想的过程。一个没有理想的人，无异于一具行尸走肉，这样的人活一生，无非是把一部分社会资源转化成了一堆废料而已。邓文迪不但为自己创造了理想，同时规划了实现理想的细节与步骤。

她善于抓住机会。没有机会，她寻找机会；找不着机会，她创造机会；一旦机会来了，她会紧紧抓住绝不松手。每一件重要的事，她都是练好本事再等待着机会。机会也只为有准备的人而来，不论男人女人，谁不希望自己一生中有一位甚至几位帮自己脱困而上进的贵人？

她有着坚韧的毅力。任何人的成功不会从天而降，都需要坚韧的毅力和超常的付出，往往付出与成功成正比。当然，你付出了不一定就能成功，但成功肯定是用付出换来的，往往人们容易看到成功时的光彩，却难以发现光彩后面的辛酸。

所以，说到邓文迪，既不要简单地不齿，更不要刻意地模仿，因为邓文迪是完全不可复制的。可以学习一点她的优点，对自己人生则是有益而无害的。

祥云飘过

今天，有一朵祥云从我头顶飘过。这是命运的光顾。

清晨，我到大院内散步。当我习惯地驻足仰望晴朗的天空时，只见远方一朵祥云翩翩而来，美丽极了！以至她从我的头顶飘过许久，我还不愿收回欣赏的目光。

我心里很清楚，此时在四川眉山，第八届冰心散文奖颁奖典礼正在进行中。这是与茅盾文学奖、鲁迅文学奖齐名的一个全国性文学大奖，备受文学界人士瞩目，有多少位作家终生为获此奖梦寐以求，今天又有多少位作家在翘首以盼啊！

尽管数月前，我在文友们的鼓动下，按组委会的规则与要求，荐送了拙作《白蒸馍》参评，对于获奖，并没抱多大希望。我有自知之明，我知道自己的文学功底。

正午时分，我接到肖云儒老师从眉山打来的电话："我刚参加完颁奖典礼，看到你的作品获奖了，特向你祝贺！"肖老师是散文大家，对我的作品曾多有点评，他为自己指导过的文学爱好者的作品能够获奖而高兴，我在千里之外能够感受到他的欣喜之情。我向肖老师表达了致谢之意后，赶紧又拨通了《美文》杂志常务副主编穆涛老师的电话，我知道他也出席这个活动了。"穆老师你好！听说我获了个小奖？"我求证似的询问。"我看到获奖名单里有你，这可不是小奖！是名副其实的大奖啊！"随后接踵而来的，是方方面面的祝贺，鼓励，其中也不乏溢美之词。

作为作家，谁不希望自己的作品能得到各种形式的认可与褒奖？谁不希望自己的作品能得到读者的喜欢与共鸣？我是凡人，当然也不例外。况且这个奖，于我而言，是我写作之路上的一个里程碑。它既是对我过去创作作品的认可，更是对我今后创作的鞭策。

回到家里，我照了照镜子，发现我丑陋的长相并没有因为获大奖而变得英俊，倒是额头增添了两道皱纹，黑发又变白了不少。所以，得个奖并没有什么了不起，真正了不起的是做好纯粹的自己。这需要充足的底气。

静下心来，我又想起四十七年前在刘集高中就读时的语文老师安荃。他是我写好文章的启蒙老师。那时我在高一班任团支部书记，社会活动占用了我很大一部分学习时间，数理化外语成绩勉强及格，唯独政治、语文两门课的成绩总能在全班名列前茅。我的每篇作文几乎都有安老师在一些好的句子下面画下红圆圈或红杠杠或写下长长的评语，并把文章贴在教室后边的学习栏目内供大家互相学习。1971年初夏，陕西省教育厅要编辑一本《中学生优秀作文选》，每个中学推荐两篇作文，老师确定在我写的《暴风雨之夜》一文基础上再行创作且由我主笔，王文彦、魏存法同学参与，我记得前后改了八遍才定稿。几毛钱一本的稿纸全用完了，用完怪心疼的。其间，当我流露出不耐烦的情绪时，安老师心平气和地给我讲了"推敲"的典故，不但平和了我的泼烦，而且使我终身受益。该文最终被《陕西省中学生优秀作文选》收录，且发给了每个学校两本。

当然，最使我受益并增添底气的，是军旅这部大书。这部大书，值得我书写更值得我反复品读。我认为滚滚硝烟与浩瀚文学之间并没有不可逾越的鸿沟，因为它们都有生命的灵性与质地，这种质地饱含着一种责任、一种执着、一种无悔，一种每个时代极其需要的牺牲精神。有了这个底气，一双握惯钢枪且能打出十环的手，握笔同样能描写出文学的精彩。四十年军旅生涯是丰富多彩的，是我文学创作不竭的泉源，也是我文学作品不断生长的沃土，更是我创作的强大动力。

作为作家，我对世间万物都怀有敬畏之心。我敬畏生命、敬畏生活、敬畏亲情、敬畏这个时代，我觉得只有这样，才会走向自己的灵魂深处，才有可能笔下生花。我努力地把自己的作品放在时代的大背景下去构建，企图用《白蒸馍》这个具体的物象来抒发自己的家园情怀，而且我坚信，要写好一篇散文，必须是说人话，说真话，说实话，说家常话，说心里话，说有味道有个性的话，当然艺术提炼、表达技巧、起承转合这些技术层面的提高也是必需的。

我特别庆幸的并不是一定要获得什么奖，而是我的作品能在战友文友中引起共鸣，尤其是遇到了一批重量级的读者。茅盾文学奖得主王蒙、贾平凹、陈忠实，著名作家梁晓声、著名文化学者肖云儒、鲁迅文学奖得主周涛、王宗仁、阎安、穆涛，还有周明、王巨才等等散文前辈，我的散文他们不但读了，而且都有点评，我觉得这些文学大家的肯定与鼓励，于我而言，同样是收获了高水准的奖励。特别值得我铭记的，还有共和国上将王克、刘精松、裴怀亮、刘冬冬、李乾元等老首长，他们曾为我的作品作序书录。共和国将军李宝祥、陈秀、刘巨魁、段进虎、张书领、党国际等几十位老首长、老战友一直关注鼓励支持我的创作，令我没齿难忘。

莫道"冯唐易老，李广难封"，与其接受别人制造的凄凄悲怆，真不如豪迈地挺起自己的胸膛，即便拥有了靓丽的外表，终究抵不过内心的淡定与充盈。每遇暮色低垂，学会转身，坚信太阳一定会升起来。

行走在人生之路上，只要时刻不忘仰望朗朗晴空，总会有一朵祥云从我们头顶飘过。

洞朗你挺住

洞朗，本是中国与不丹接壤的一块名不见经传的弹丸之地。两个月来，热闹得让全世界都瞪大了眼睛瞅着它。

洞朗，还真有点像家庭防盗门上的那个猫眼，全世界都想透过这个小孔，看看院子里的主人在想什么，说什么，干什么。

事件的起因原委说简单也简单说复杂还真的挺复杂，我喜欢把复杂的问题简单说。

中国在自己国土上的洞朗地区修一条公路，直达蔗草场哨所，且在动工前后两次照会印方。印度未置可否，待公路工程完成三分之二的时候，一帮全副武装的印军入侵到我方一侧出面阻挠，后增至数百人，现仍有数十人在现场。印度媒体对此率先曝光，西方媒体积极跟进，我们的媒体基本上是人云亦云。

两国的外交、国防部门打了两个月的口水仗，好在这次我们发言人的口气还算硬。

我从一开始就不赞同两军洞朗"对峙"的说法。一国全副武装的军人不经同意公然进入到另一国的国土上，这不叫侵略也是赤裸裸的"入侵"啊！怎么就说成是"对峙"了？

边境无小事，世人皆知晓。二十年前我曾到西部与邻国的边境线上去走过一遭。邻国哨所举目可见，管边境的领导一再提醒我们，虽然这里是荒无人烟的不毛之地，但尿尿千万别对着人家，不然，对方哨兵看见了马上就会照会我们，说这是对他们国家的污辱；也不能捡石子投向一网之隔的对方国土，否则对方会抗议说我们这是"敌意""恶意""侵犯"之类的动作。

由此我联想到洞朗地区的伙伴们，你们执行修路这么重要的任务弄出这么大的动静，事前应该预想并制定有多种预案吧？假如一个外国公民不持相关文件未经我方同意进入到我们国土上，那叫非法入境，是要扣押并遣返的。一帮全副武装的军人入侵了，又不在争议区，你就不能驱逐抓捕？胆敢有反抗者击毙他又怎么了？本来指头蛋儿可以捻碎的一件事，现在可好，非要撸起袖子伸出拳头去解决。

事件的发展结果难以预测。但世人对输赢却是有判断标准的，试想某国在我腹地空降一个连，即便是他一枪没开，我们也这样"对峙"吗？这种在自己国土上所谓的"对峙"存在一天，作为国土守卫者的军人就蒙羞一天。印军撤离了，我们修路也停了，那叫我们输了；印军撤离了，我们在自己的国土上该修路修路，该建哨所建哨所，那才算是赢了吧。

往往边境线上的这些小不点事，应对不好，就会演变成大事，局部战术上的失误，甚至造成一个国家战略上的被动。

印度这次是主动挑事的，凡是主动挑起事端的国家绝不能小觑。

首先，它选择了我们不想打的好时机。年内要开十九大，"一带一路"刚铺开，军改尚在进行中，南海风弱了但浪不断，"台独"基本上在和大陆公开叫板，钓鱼岛之事一天都没消停，朝鲜半岛随时会生变生乱，就连那么穷的蒙古国还时不时出点小情况，缅甸的几发炮弹还经常落在我们的国土上呢。

其次，印度半个多世纪的战略经营大多是成功的。扩张的野心一个一个得到坐实。印巴几次战争，它肢解了巴基斯坦，弄出个孟加拉国；克什米尔这块骨头它天天还在啃；它吞并锡金国为己一个邦；使尼泊尔、不丹国成为自己的附庸。1962年中印之战，毋庸置疑，我们在军事上是取得了胜利，但胜利之果呢？藏南那块九万多平方公里的资源丰富适宜人类居住之地被印霸占，我们得到的阿克赛钦虽然地势居高临下，但那是不毛之地啊！

再次，印军军事上的准备很扎实。中印之战后，双方协定从实控线后撤二十公里，我们始终做到了，而印军步步为营，扎实推进，从浅近纵深到实控区，建机场、筑公路，修哨所、堡垒。现把四个军数个旅十余万大军摆放在了待机位置。印空军优于我是客观事实，购买的几千枚"布拉莫斯"导弹绝不是放烟花用的。

还有，也是最可怕的是，我们一些人轻敌而盲目自大。总认为我们打印度像斗蛐蛐一样，果真如此吗？诚然，战争胜负取决于国家领导人政治决心及意志的坚韧，取决于综合国力的强弱，取决于军事实力的软硬，取决于人心向背，等等。仅有这些，就能完胜吗？我看不见得！关键是能不能因势因地因时地运用了。

近几日，媒体对洞朗方面消息的报道有所降温，一方面是外交部、国防部发言人把该说的话基本都说到家了；另一方面，我们的媒体也开始不经意间抖几件干货了。诸如空军转场，各型导弹部队进入位置，万吨物资进藏，特种部队、装甲部队前推，等等。对印度，你若拉开架势与它真干了，它才有可能缩回去，不打了。

印度主动入侵挑事，也为我们粉碎其战略威胁创造了一个机会和条件。法理上我们占绝对优势，军事上只要运作得当，准备扎实，指日内定会把暂时的地面劣势转化为绝对的优势。打不打由不得我们，但打多大怎么打则是完全由我们说了算。再说，现代战争的胜负，早已不是以攻城略地为唯一标准了。我方远中近程导弹及各类火炮完全可以封锁西里古里走廊，切断印度本土与东部几个省的联系，刚好其东部几个省在嚷嚷着闹独立呢。巴铁兄弟再从克什米尔配合推进一下，岂不更好。况且，我们选择的主要方向并不单是洞朗，还有藏南和阿克赛钦呢，甚至可直插拉达克。空军力量较印稍弱，但我防空力量不弱，各种火力能在局部形成绝对优势，能对印军的"布拉莫斯"导弹基地、印军的地面有生力量形成"饱和式"打击。

所以，我劝众多朋友也不必刻意等待某官媒"是可忍，孰不可忍"的社论发表了。"水无常形，兵无常势。"我们就耐心地等着瞧吧！

我相信，我的伙伴们不会因洞朗而让国人蒙羞的。

洞朗啊，我想悄悄告诉你

洞朗啊，你挺住了！

全世界终于为你松了一口气，国人把悬在嗓子眼的心又放回到了肚子里，我更为你骄傲，为你点赞！

8月28日下午，新华社发布了一则消息：中国外交部宣布，8月28日下午14时30分许，印方将越界人员和装备全部撤回边界印方一侧，中方现场人员对此进行了确认，中方将继续按照历史界约规定行使主权权利，维护领土主权。

"不战而屈人之兵。"这是老先人的智慧在两千五百多年前的理论提炼，可惜的是，数百年来，国人只能从字面上理解它，而这一次，你是以昆仑为背景以洞朗为舞台，用动作演绎和诠释了什么是真正的"不战而屈人之兵"。

中国总算挺直了脊梁，外交部也底气十足地硬气了一回，洞朗也确实为国人长了脸。如果说洞朗像一个"柿子"，印度这次只是伸出一个指头碰了碰，试了试软硬而已。假如是一个"软柿子"，顺手就捏了，结果发现是一个"硬柿子"，但还是准备伸出拳头砸个稀巴烂的。后来随着时间的推移，它似乎发现这是一个"铁柿子"甚或是"钢柿子"，只好很无奈地把手指头缩回去了。

指头虽然缩回去了，但拳头还是紧紧握着的。

这个世界上谁都可以松口气，而你洞朗却万万不可松口气，非但松不得气，还得一鼓作气，一鼓作气地深入思考，一鼓作气地扎实备战。

洞朗事件，印度在扼制中国梦的实现，阻挠中国经济的发展，无疑是印度的一个战略选择。地球面积就那么大，不会再增加；资源就那么多，不会再生长；利益就那么多份，谁不想多拥有点？不然当年习主席刚刚提出中国梦，莫迪随即提出"印度梦"；习主席提出"一带一路"，印度针对性推出"香料之路"和"季风计划"；北京成功举办"一带一路"国际合作高峰论坛刚过一个礼拜，印度就主办非洲开发银行大会，拉了八十多个国家参加。特别是我们主导的中巴经济走廊建设，位处克什米尔地区，这既触到了印度的战略痛点，又极易点燃其民族情绪烈焰，印度岂肯善罢甘休？

洞朗事件，是印度政治上扩张野心的再现。印度脱离殖民统治宣布独立刚好七十年。七十年来印度历届政府都不断传承着其扩张疆土的政治野心，而且屡屡得手，它的国土总面积非但没有减少，还弄出了几个附属国，美其名曰为保护国。这方面我前文已说不再赘述。这次洞朗撤兵，只能说是它的能力还不足以撑起它的野心。我不敢断言今后中印必有一战，但我可以肯定，中印围绕发展利益的争斗永远都不会停歇，这不仅源于两个国家所处的地缘政治，还源于两个国家的政治传统、历史文化、民族情绪。甚至，洞朗暂时的安宁，蕴含并标示着中印更激烈争斗的开始。

国防部发言人这次有一句话，"我们提醒印方从此次事件中汲取教训"，正是这句话，刺激了我写此文的神经。平心而论，说是这么说，印度人听不听汲取不汲取教训那是它的事。不过，洞朗啊，我想悄悄告诉你，你难道就没有教训可汲取？

凡事谋全局。不谋全局者不足谋一隅。我很难说你那个方向重不重要，重要不重要是会随着时间与条件相互转换的。就目前来看，台海方向无疑是最最重要的，应该是排在国家战略关注的第一位，只要"台独"敢"越线"，举倾国之力也得收复；其次是半岛，一旦半岛生战生乱，不出手也得出手，绝不会坐视不管；你跟南海差不多，大约在一个档次上；钓鱼岛再闹腾，也得稍往后靠一靠。

这样想问题，就尽量不要把指头蛋儿大的事弄大了。

凡事预则立。边境线上无小事，多数情况下都是牵一发而动全身。按国际法也好，按常理说也行，一个国家在自己的领土上修路，建哨所，本来无可厚非，但你得想到邻国的关切呀。它既然有关切，就得制定应对关切的预案，做好应对关切的准备。草草行事，会造成被动，出现火星不及时捏灭，只会造成更大的被动。

舆论为先导。我们的媒体别老跟在别人屁股后边跑。比起十多年前的钓鱼岛事件，洞朗事件，国人的理性是大大地提高了。想想当年钓鱼岛事件发生时，一些人游行呀，抗议呀，除烧了老百姓掏腰包买的几辆汽车外，损伤了日本国一根毫毛没？这次洞朗事发，各种声音都有，有盲目轻敌喊打的，有惧战主和的，有的竟然对主权领土概念很不屑，还有的甚至举起"让它三尺又何妨"的仁义经典，认为不就是个区区洞朗，不就是越界百十米，过来几十个人吗？何必为此大动干戈伤及百姓性命，影响稳定发展大局呀？照此观点，1840年前后的中国政府割土赔银也是为了民众福祉了？难怪二十年前我们收回香港时，看到香港的一片繁华，极个别人竟认为当年租给英国的地盘小了，出口狂言：当时连广州也租出去该多好！

准备要扎实。"战争关乎立国和建国，没有战争的胜利，国家就不能生存。任何一个伟大的民族，必定是以战争的胜利作为自身的起点和永恒的基石。"综观中外建国史，哪个国家不是打出来的？除非是它没那个能力，只能中立或作为强国的附庸。不要说国家，就连神农架、峨眉山里那些一群一群猴子生存的领地，也是猴王们每年一次打得头破血流争来的呢。维护国家主权独立领土完整，更需要以扎实的作战准备为后盾。

诚然，印度撤兵，是多种力量综合运用的结果，如领袖人物精准的战略判断、决心、意志，那无疑是一两拨千斤的，综合国力运用，外交斡旋转圜，舆论引导造势，军事行动上的扎实应对，才使洞朗事件兵不血刃地得到解决。

我是位退休军人，在洞朗风波平息之际，只能侧重从我的职业角度给洞朗说上几句悄悄话。

行文自悦

人一旦从官位上退下来了，泼烦的事情立马就少了许多，心情也就自然地慢慢安定下来。

没有了为往日的开会呀，调研呀而东奔西走，冷清了吃请呀、请吃呀繁忙的应酬，也不必为那些没有错也没有用的讲话字斟句酌了。尽管零星地还会听到狗吠鸡鸣，但再不会瞧着别人的眉高眼低度日子了。当这种安静突如其来时，甚至会让人觉得很孤寂。

其实孤寂是个好东西。它可以使人静下心来将一将自己的过往。交过的朋友还是不是容颜依旧？吃过的饭菜还是不是留着原来的味道？可能是，也可能不是，或不完全是。大潮退去，人们看到的，可能才是最真实的景观。况且，多少大人物轰轰烈烈一生后，最终还不都落了个孤寂的下场。

消散孤寂的最好办法是读书。好读书，读好书能看透这个世界，即使把这个世界看透了，也要为这个世界留一个缺口；好读书，读好书还能重新认识新老朋友，走散了的，不会再去寻找，走近了的，将会结伴同行；好读书，读好书定会拥有一个新的世界，在这个世界里，空气是清新的，呼吸是自由的，用不着板着面孔去表扬谁，也不必面带微笑去批评谁。

世界名著不是天外来物，是人一字一句写出来的。只是读的人多了，最终才成为名著。小说是虚构的，追求的是味道；诗歌是抽象的，追求的是浪漫；散文是生活的文字化，追求的是自己与灵魂的对话。写散文实际上是往自己灵魂深处走的一个过程，走着走着，不经意间就会使自己在笔尖下流淌出来的文字中，充满激情与感悟，引起读者广泛的共鸣，好文章就应运而生了。

写小文，获小奖，得小乐，趣在其中。窃以为文章主要还是写给自己的，若一味地为了发表为了获奖为了多几个点赞去写，十有八九不会如愿。人的大胸怀也好，小心眼也罢，都会充盈在所写的文章中。阅读能力强的读者会从一篇文章中看出作者的精神长相的。

文章获奖固然是好事，于个人而言，是对自己创作的一种肯定，抑或能满足一点点虚荣。但如果作者名字前还有"退休军官"的字样，这个奖包含的意思就丰富多了。

还我真善美，还我真英雄

一部由美籍华人创作编剧，国内名导大腕精心打造的影片《芳华》终于在一片乱哄哄的鼓噪声中上映了。一时间在收获极高票房的同时也收获了两种截然不同的评价。

对于《芳华》，赞扬也好指责也罢，只要你买票进了电影院，编剧、导演的目的就达到了。

善良的国人透过演员脸蛋美、酥胸挺、大腿白、摄影高的一幅幅画面，看到真善美了吗？看到真英雄了吗？或者扪心自问：还看到了什么？

我看到了。我看到《芳华》不是一部弘扬正能量唱响主旋律的影片！它以对越作战为背景是噱头是对正义之师的亵渎；借红帽徽绿军装盗取老军人的纯朴情感；脸蛋美酥胸挺大腿白隐藏着丑恶的灵魂；追求票房丑化军人攻击政府制度是导编的目的。为《芳华》点赞无疑是国人的悲哀！

我曾履职的 61 师就是当年的参战部队，我先说说"盘肠大战"的英雄牛先民同志，他才是真英雄。

1986年7月23日晚上，牛先民和班长冒雨坚守在一17阵地的六号哨位上。那晚，狡猾的越军利用大雨向我阵地偷袭。21时43分，敌军一个班，分三路向我阵地摸来。牛先民和班长发现后，先敌投弹，先敌开火。枪声惊醒了在猫耳洞里休息的其他战友，大家迅速占领有利位置抗击敌人进攻。作战中，敌人扔出的一颗手榴弹，在牛先民身边爆炸，他的腹部被炸破，一团黏糊糊的肠子流了出来。为了不影响班里其他同志的情绪，牛先民咬着牙把肠子塞了进去，继续和大家抗击敌人的进攻。待全班打退了敌人三次进攻后，他昏倒在战斗工事内。班长和战友们得知他已负伤，利用战斗间隙把他抬进猫耳洞。借助微弱的灯光，战友们发现牛先民身上十七处受伤。其中最重的伤口是一个九厘米长的口子，肠子就是从这里流出来，又被塞回去的。鲜血染红了军衣，雨水也顺着伤口灌进了腹腔里。

白翎军医对牛先民的腹部伤口做了紧急处理，并用电话报告了营团首长。由于通往一17阵地的交通壕里，有约一米深的泥石流，担架抬着牛先民，不但行走困难，而且充满了危险。因为地雷也会随着泥石流滚入交通壕内，八名由共产党员组成的担架队，在杨毅排长的带领下，冒着大雨和敌人的冷枪冷炮，不顾自己生命安危，在原先不到一个小时的路程上，整整走了八个多小时，才把牛先民送下山。由于白石崖大桥被洪水冲垮，师团两级采取接力的办法，争取时间把他送到师医院，进行手术。医生清洗了他腹腔内进去的泥水，切掉四十厘米肠子，一八三团李团长等战友现场输血，才保住了他的生命。牛先民手术后腹腔内感染严重，多次出现了肾衰的症状，差点儿要了他的命。

牛先民盘肠大战越军的英雄事迹，在战区被广泛传颂。为了表彰他的英雄事迹，战后，中央军委授予他"战斗英雄"的荣誉称号。

每一位英雄的出现都不是偶然的，是他人品思想觉悟技能长期修炼的结果，绝不是凭一时的感情冲动就能产生出来的。

每一位英雄的身后都有一个英雄的群体。

我再说说真善美。中国军人最大的真，是对祖国的无限忠诚，在事关国家安危面对敌人入侵的关键时刻，只要祖国召唤，一定会义无反顾地扑向战场，哪有时间与精力去钩心斗角制造那么尖锐的矛盾？我们师在对越作战的战场上，百十号女兵分别组成了"火线女子救护队""火线女子宣传队""火线女子服务队"，大家情同手足，亲如姐妹，偶然有点小矛盾也不至于"打斗"到如此程度呀！有一位十七岁的男战士，在参战中身负重伤，他在生命弥留之际，面对抢救他的女战士喃喃央求："姐姐，我想让你吻下我。"女兵毫不犹豫满怀深情含着眼泪吻别这位小英雄，使他安然地合上了双眼。这是人性最原始最本真的展露，这是世界上最高尚最纯洁的深情大爱，这一吻，这一情，这一爱，真是惊天地泣鬼神啊！难道不比片中那男女之间偷偷地抠抠摸摸更高尚更有人情味？不比脸蛋酥胸美腿更真善美？不比《芳华》更芳华？

我还要给名导说几句，名导啊名导，您毕竟是名导，凭您的才气与经验，您就不能再拍一个《高山下的花环》或是中国式的《拯救大兵瑞恩》吗？即便不能，也不能美国人写什么就拍什么呀！况且您还当过兵，即便部队曾对您不公，您也要顾及一伙真正军人的感情呀。

我也为军人地位不受社会尊重、烈士亲属安抚不周、参战老兵得不到应有的照顾而心焦，但您把军队内部关系渲染得那么复杂，战友之间尔虞我诈，英雄人物竟是那般产生的，您让国人怎么尊重军人呀！

冬至看《芳华》，又多了一份彻骨的冷。

荐读 需要一个理由

　　我前几日推送了自己创作的《父子》一文，抒发的是父子情；推荐赵蕊《埋在时光中的故事》这篇文章，它诉说的是父女情。

　　人活在世上，亲情有多种多样。我以为首要的也是最重要的当数父子情、父女情，母子情、母女情。

　　人一生可能会辜负任何人，甚或找到理由为自己开脱，唯独不能辜负生你的人和你生的人，因血脉相连，因人之本性。前者给了你生命，这个伟大足够湮灭他（她）对你的任何不足；后者是你给了他（她）生命，他（她）的成长使你的生命更有意义；如果辜负了，且能找到开脱的理由，其结果必然会使自己脱离了人的种群。

　　人既要学会独立自强享受生活，更要善于抚着伤疤埋葬仇恨。父亲用痛吻着她成长最终却以不再婚为代价确保把仅有的一点房产留给女儿，女儿用仇恨远离他唾弃他最终却以厚葬送行他安放他。这就是人性中的亲情，是从骨子里渗出来的最美最真的情感，它能包容是非融化丑恶。

我欣赏作者勇于撩开面纱露出真容，我更赞赏作者敢于钻进自己的血管匍匐前进抵达灵魂深处找回人性最内核的东西。

一位抚着伤疤埋葬仇恨的人，一定是达观的人。这便是我荐读此文的理由。

品味好话

/

我从领导岗位上退下来后，应酬性的活动越来越少，耳边听到的好话却越来越多。

这一切都源自近期写了几篇拙文，相继发表在《读者》《海外文摘》《散文选刊》《西北军事文学》《光明日报》《陕西日报》等报刊上，有几首散文诗甚至挂在西部门户网站陕西文化产业网的首页上。于是乎，沉默许久的座机电话铃声频频响起，手机短信提示音叮当不断，微信上更是点赞连连。赞扬的、鼓励的、恭维的、感叹的话不绝于耳，总归听到的看到的全部是好话。更让我始料不及的是，失联几十年的老战友依据文中寻觅的点滴信息从千里之外来古城看我；远在江苏的老战友见文思人快递来当地的土特产；爱人当年的闺蜜来家中索要签名文集，一时间还真热闹非凡。

你说是小有成就感也可，他说是满足了点小小的虚荣心也行，总之，听好话总是惬意并愉悦着。

　　浸润在众人说好话的氤氲中，飘飘然迈开双腿来到小寨什字，涌入到南来北往熙熙攘攘的人流中。忽然耳边响起一个熟悉的声音：哎！听说你现在写散文了？我抬头一看，是多年不见的一位老兄。这位老兄在原单位一直自诩为笔杆子，传说笔头子硬得很！一般的文稿他是不屑一看的。还没待我回过神来，只听他继续说道：不要以为写了几篇文字就成文章了，更不要以为写了几篇文章就是散文了！散文不是那么容易写成的！听到这里，我只觉得后背有点发凉，额头沁出了些细密的汗珠，目光也从他那张铺满了傲慢的脸上移到了我的脚尖上，嘴里不由自主地冒出一句：那您说散文该怎样写？接着便虔诚地洗耳恭听这位高人指点，半天却不见回音，只有远处隐约传来叫卖老鼠药的吆喝声。我抬头一看，此兄早已不见踪影，急忙转身循着他去的方向蹽开双腿追赶，却差点儿滚落床下。原来是午间一梦。

　　梦醒睡意已荡然无存，躺在床上回味起这些所见所闻的好话。

　　仔细思量，与人说好话本是我们这个民族的传统。老先人早有古训：三句好话当钱使；好言相向三冬暖，恶语相加六月寒。这是在讲说好话的因果。也有：话有三说，巧说为妙。这是讲说话的技巧了，属于技术层面的东西，但也是奔着说好话而言的。这理念延伸到商品领域，很苦的药片便裹上了一层糖衣，你吃它时不再皱着眉头，而是很顺畅地吞咽到肚子里；即便是无色无味的土豆片，也要裹上糖醋呀、麻辣呀、孜然呀味道各异的汁液，刺激着你的味蕾，诱导着你的钞票唰唰地从口袋里蹦出来呢！

　　人活一世，总是要做一两篇文章，成就一两件事情的。一旦做成，它就不仅是你自己的，更应该是属于社会的。好坏则任由人们去评说。

　　由此我进一步仔细品味起众人针对拙文说的一大堆好话来了。

说你好，可能是真的好。但绝不是就好得不得了。也许是你文章中的一段情景，他曾经历过，引起了情感上的共鸣；也许是你文章中的几句话，触摸到了他心中那个最柔软的部位，才使得他百感交集；也许是你文章中的某一句话，拨动了他沉寂多年的那一根琴弦，从而发出了悦耳的声音，这声音便转化成了一个字：好！这一切，说到底是你文章真的写得好。

　　说你好，可能是真的说好。真说好的人，可能是你的老领导，发现了你的新作为新长处。说你好，是肯定、是赞扬，也是鼓励和鞭策，你的进步使他的自豪感油然而生，情不自禁击节称赏。也可能是你的老朋友，"情人眼里出西施"嘛，他对你的过去、现在很了解，对你的为人处世很信服，这些朋友，在人格上不会矮化、猥琐、不健全，在行为上不会做作、虚假，在处事上不会表里不一、自欺欺人，他看好的东西会毫不犹豫地说出来。还有的可能是你的老部下，过去一直对你心存敬佩，甚至对你曾经的帮助有所感恩，看见你的文字自然备感亲切，你曾经的一些讲话，拨亮过他灵魂深处的一盏心灯，照亮了那一片灰暗的天地，此时他肯定会不假思索地为你点赞。

　　说你好，可能不是真说好。人外有人，天外有天，这个世界上比你能的人、比你强的人、比你高的人多的是，他们怎么会轻易地说你好呢？还有一些人，生来就见不得别人碗里饭稠，说人一句好话，生怕矮己三分。但碍于面子，或者为不失大雅也会敷衍了事地说句好话，但你可千万别当真。甚或你平时自以为最熟悉最要好的朋友，也说不定因为你弄出来点儿他意想不到的动静，还浑身不舒服呢。我有一日在路上，就碰到一位熟人，见面倒是很客气，不但点头哈腰，还努力地挤出了一丝笑容，说道：你的散文我看了，确实写得好啊！我说：是吗？你看过？他未作答便扬长而去。我想人家给了咱鼓励，怎么也得说声"谢谢"呀！遂转过身想补充一声"谢谢"二字，不料想却见他此时也正好回过头来，冲着我的背影正在咬牙切齿呢！我只好把口中"谢谢"二字连同泛到嗓子眼的酸水一起又强咽进肚子里。

其实一部作品发表后，说好说坏有时并不重要，往往时间倒成了检验作品好坏的金标准。记得1993年贾平凹先生写了一部小说叫《废都》，刚出版时赞扬声辱骂声并驾齐驱，说好者言其是当代的《红楼梦》《金瓶梅》，有极高的文学价值；咒骂者则贬其为淫书坏书，言其是毒蛇猛兽；更有甚者，白天当众骂其人责其书，晚上却躲在被窝里看得爱不释手。就这样一部很快被列为禁书的作品，1997年却获得了法国著名的费米娜文学奖，而且在被禁十六年后，前几年又再度出版。由此我想，当时说其好或说其坏的评价又有多少意义呢？

鲁迅文学奖得主穆涛先生说过：写散文，会说五句话，差不多就是一流文章。这五句话是：说人话，说实话，说家常话，说中肯的话，说有个性有水平的话。我觉得这个可以作为评判散文优劣的一个标准。一篇文章写出来发表，人们总会评论的，关键是作者自己要有定力，听到说好话不要就以为好得不得了而忘乎所以，听到说不好就以为一无是处而妄自菲薄。只管一步一个脚印前行着。

这就是我从听到的好话中品出的一点味道。

归·途·拾·光

一封告别信

/

十年前的这封信，现在翻出来看还是有一点意思的。

我在师长的岗位上到国防大学学习，同时按规定被免职。毕业后，继续待业一年，多少人都后来居上了，组织上只是安排我在二十一集团军司令部帮助工作。其间，我体会到了"狗眼看人低"的滋味，重新认识了不少人，当然，我也收获了不少真正的战友之情。

当时，军营吃喝成风送礼盛行。我虽然升官了，却五味杂陈齐涌心头，没有一丝升官带来的愉悦，更没有以"告别"为名到师部及各团去吃喝收礼，而是以这种古老的方式与我英雄的红军师，与我情同手足的战友挥泪告别了。现在想来，我是为自己平添了一份安然。

告 别 信

师团各位领导、全体官兵，亲爱的战友们！

根据中央军委命令，我将离开敬仰、眷恋的红军师到青海省军区工作。本应面对英雄的部队，庄严地给全体官兵敬个军礼！现谨以书信这种古老的方式向战友们告别。

61师这支英雄的部队培养了我，历练了我，成就了我。离别之时，感慨万千，提笔聊述。

我很知足。十多年来，上级一直把我放在重点部队、重要岗位上工作，没有比上级领导信任更让我知足的了；任师长几年，同志们以严于律己、恪尽职守的实际行动配合、支持我履职尽责，没有比部属信赖更让我知足的了；免职两年，广大师团领导和官兵，关心我、鼓励我，没有比战友理解更让我知足的了！

我很感恩。感恩各级党委首长特别是师党委的培养、教育，没有党的教育培养就没有我政治上的一切！感恩在履职尽责期间以傅传玉同志为"班长"的班子成员对我的支持与包容，没有集体的力量我将一事无成！感恩全师官兵对我的热情期待和真诚鼓励，没有广大官兵的关爱我可能很难撑到此时！军营自有一杆秤，秤砣就是官兵的心啊！我也愧疚。愧疚在任职期间，由于我能力有限，部队全面建设还有许多不尽如人意的地方；愧疚我的一些战友德才兼备，恪尽职守，卓有成绩尚未得到人尽其才的安排；愧疚过去对一些同志要求过高，批评过严，在这里，向他们道歉并请理解！

　　我更坚信：在师党委一班人带领下，全师部队一定会以邓小平理论和"三个代表"重要思想为指导，全面落实科学发展观，以提高部队实战能力为核心，坚实打基础，不断创造出新的成绩。

　　我邀请并期待着：各位战友携家人到青海高原观光旅游，若能告知深感荣幸，当尽战友之劳。

致以崇高的军礼！

尹武平

2007年2月10日于宝鸡

恐惶

/

　　我与恐惶结缘，大约是在我上小学时。此后恐惶便不离不弃地一直伴随着我。

　　我的童年，是我人生中唯一没有恐惶的一段时光。尽管那时衣不蔽体食不果腹，生活在吃了上顿没下顿的日子里。没饭吃是会饿死人的，但我对死亡还没有任何概念。没饭吃时只觉得肚子里像猫抓一样难受，却没有一丝一毫的恐惶。记得那年村西头的田大爷死了，听人说是没啥吃饿死的。出于对死人的好奇，我与小伙伴一起跑到他家去看热闹。那天他家门口挤满了人，我从大人们腿与腿之间的缝隙往屋子里瞅了瞅，只见田大爷躺在一扇破门板上，身上盖了条旧花格子粗布床单，头下枕了只似乎是刚用白粗布做成的公鸡形状的枕头，鸡头上还缀了一小块红布，鸡尾巴上是一绺黑布条，半张着嘴巴，紧闭着双眼，脸色灰青灰青的。我回家便问妈妈："人死了是咋回事？"不知是母亲没文化对死亡无法作出正确的解释，还是因为怕吓着了我，她淡淡地回答："人死如灯灭，就像睡着了一样。"随后又自言自语说道："成天过着这吃了上顿没下顿的恓惶日子，活着还不如死了好！"我从小对一件事就有打破砂锅问到底的习惯，便又追着妈妈问："那人为啥还都爱活着，不愿意去死呢？"母亲看了看我，只是"唉！"了一声，长长地叹了口气。

我上学后，记得老师拿着模具给我们讲什么是宇宙，什么是太空，地球是圆的围着太阳自转，月亮绕着地球转。宇宙间有无数个星球在相互吸引着，我们所看到的流星就是运行在星球空间的流星体在接近地球时受到地球的吸引、进入地球大气层时与大气摩擦发光发热被我们观察到的现象，等等，听起来十分新奇。这些科学道理颠覆了我与生俱来的概念。喔，我一直以为自己头向上端端正正地站在地球上呢，相对太空来说，我们原本个个都是头朝下的呀！晚上我躺在自家院庭铺着的芦苇席上，望着浩瀚的星空，时不时会有一颗流星从夜空中划过。我想，假若哪一刻地球不再吸引我们，我们岂不是要齐刷刷地坠落到那漫无边际的太空？流星坠落时还会划过一道亮光，而我微微的默默的，连一粒尘埃都不如。想到这里，不由得心生恐惶。

从那以后，恐惶便伴随着我成长，像一个挥之不去的影子，更像一条绳索捆在了我的身上。学生时代，我为学不到知识恐惶过。好好念书成为我们这些乡下人跳出农门重要的甚至是唯一的途径。真正关心并希望我长大能有出息的长辈或亲友，总是叮嘱我在学校要好好念书。看着一贫如洗的家境，想着吃不饱穿不暖的日子，记着亲人的嘱托，我把人生的全部希望都化作读书学习的动力。在我的记忆里，不论刮风下雨还是赤日炎炎，我从来没有上学迟到过，而且总是在暮色苍茫中最后一个离开教室返回家中。有回我行走在麦田间寂寥的小道上，突然起风了，风把半人高的麦田刮得此起彼伏，很像大海一样波涛汹涌，我的心也随着这麦浪起伏着。猛然心想，在这滚滚麦浪中会不会蹿出一只大灰狼呢？霎时，只觉得头发一根根地全竖了起来，继而便听见自己扑通扑通心跳的声音。紧接着脚下生了风似的唰唰疾行，脚下行走的唰唰声此时显得格外清晰、急促。这声音传到我耳朵里后，总觉得身后有什么东西在紧随着我追赶着我，我一点儿不敢回头看，只顾埋头加快脚步往前走，一不留神，路边一块土坷垃绊倒了我，趁机扭头一看，后边什么东西也没有啊。我赶紧爬起来，扬起胳膊用袖子擦了一下满脸的汗水，定了定神，扯着嗓子吼起了一段不搭调的秦腔："王朝马汉唤一声，莫呼威，往后退……"这一招还真灵，麦浪仍然在风中起伏着，我心中的恐惶却消减了许多。

　　我在部队任班长、排长、连长的日子里，曾为自己有没有"真本事"而恐惶过。连以下带"长"的，常常挂在嘴边的两句话是："看我的！"和"跟我来！"。那个年代的步兵，最看好的是射击、投弹、刺杀、爆破、土工作业"五大技术"。提个军官那真是千里挑一，"五大技术"不但要样样精通，而且必须拔尖才行啊！带兵要说有什么"诀窍"，那往往是喊破嗓子不如做出样子。咱先说这射击吧，胸环靶子插在一百米距离上，按射击教令规定，士兵是卧姿有依托据枪瞄准击发，也就是说把枪操稳妥了射击。我在射击训练开始前，自觉加大难度，采取立姿无依托据枪瞄准击发，"啪，啪，啪"几发子弹发射出去，把靶子扛过来给大家看，那几个弹孔是"九九不离十"啊！再说练投弹，也是先给大家做示范，握弹、准备、助跑、挥臂、出手一气呵成，只听"嗖"的一声，弹在五六十米处落地。还有那战术动作就更不用说了，跃进、卧倒、出枪、收枪，低姿或侧身匍匐前进，动作必须干净利索，绝不可拖泥带水。每每如此，我总会从士兵的表情上看出大家发自内心的佩服。打铁必须自身硬，要想带好兵，自己得先要有底气，这个底气来自于要用汗水甚至泪水擦去心中的恐惶，树立起自己的威信。一位基层指挥员，绝不是你嗓门高威信就高，更不是你脾气大，本事就大。只有平时这样练就并形成习惯，关键时刻，只要你喊一声"跟我来!"才能做到一呼百应，勇往直前啊!

我干到团长、师长，心中的恐惶感并没有随着职务的提升而消散或减弱，只是换成了另外一番感受罢了。当官犹如行走在一冰块之上，职务越高，我会感到脚下这冰块越薄。在团以上军官中流传有一句话，叫作"苦不怕，累不怕，就怕半夜来电话"。凡晚上十二点以后来电话的，大多没好事。你想睡个安稳觉，平时必须把工作做扎实。部队训练也好，管理也罢，只有领导没想到的，没有部队做不到的，而且我一直以为，只有没本事的军官，没有带不好的士兵。新世纪开始，部队中的不正之风愈刮愈烈，常常使我忧心忡忡且显得格格不入。记得2002年10月份，军委一位领导来师部调研，饭后在营区内散步时突然问我："你当师长平时最担心的事是什么?""我最担心的是上级一声令下，我能不能把全师按时带到指定的位置。"他看了我一眼，沉默了许久。我心想，如果军官提升士兵学技术都靠花钱来买，靠关系去疏通，军官岂能有责任有担当，部队何来士气与血性?值得我欣慰并引以为自豪的是，我任师长那几年，在全师部队中，总算留住了一缕清风。

我退休后，衣食无忧，整天或看书习文，或邀友品茶，本以为从此远离了那个令人生厌的恐惶。不承想，新的更大的恐惶在等待着我。

有一日我嘴馋了想吃顿名小吃，便抽身前往居所附近一座小吃城。去小吃城要经过小寨天桥，我来到天桥跟前才发现，上天桥的人与下天桥的人密密麻麻挤成了一疙瘩一疙瘩的，根本过不去，只好从地铁过道走吧，谁知地铁入口处人早已排起了二三十米长的队，有工作人员在维持着秩序，人要一拨一拨地进，地铁站内的行人已处于超饱和状态了。好不容易挤进赛格商城，只见直通六楼的电梯上，人挨着人，站得满满的缓慢上升到了六楼，又见每个小吃餐馆门前都有二三十人在排队等着座位，问了问服务员得等多长时间，服务员很客气地告知我，最快也得四十分钟。折腾这么长时间肚子早饿得咕咕叫了，算了，还是到超市买点食品充饥吧，好不容易提了包小食品到出口收银处交钱，十几个柜台前的出口处个个照样排着十多米长的队呀。站在排队的人流里，我忽然想起前几天看到的一则新闻：政府要把这座城市打造成一个国际化的大城市，现有人口八百多万，人口规模还有点小，城市人口还要尽快突破一千万哪。

我知道，任何一种生命体要维持生命，空气、水、营养是不可缺少的三大要素。

空气是一切生命体维护生存的根本要素，人类要是离开空气几分钟就会导致死亡。人的身体吸入了不干净的空气，也会导致各种疾病。而我生活的这座城市，每年竟有一百六十余天是雾霾天气。

再说水吧。据有关资料透露，目前我国主要大城市只有百分之二十三的居民饮用水符合卫生标准，小城市和农村饮用水标准更低。城市水污染的成分十分复杂，受污染的除了重金属外，还有农药、化肥、洗涤剂等残留物，这些都成为人们致癌或促癌的物质。

我们身体需要的营养物质主要依靠从谷物、蔬菜、水果、鱼类、肉类这些物质中摄取。然而，种植者养殖者为了提高质量多赚钱，过度过量使用化肥、农药、激素、抗生素及有害的菌类和病毒。传统的水洗法已难以清除掉这些东西，我们每天都会无奈地把一些看不见的毒素吃进自己的肚子里。就拿蜜橘来说，在我的印象中，从树上摘下来三五天不吃就会腐烂掉的，有一次我从商场买回来两斤蜜橘，没吃完的几个放在家里茶几上，半个月后还新鲜如初，新鲜得让我望而生畏。

我曾恐惶过，但我并不排斥恐惶，我甚至还乐于与恐惶和平共处。试想，一个人若一生一点儿恐惶都没有的话，那是多么可怕的一件事情；一个民族，一个国家若没有恐惶感，这个世界将会变成一种什么状态。

如果说我退休前遇到的那些恐惶，从另外一种意义上曾给予了我一些好处，成为鞭策我激励我前行的一种动力。那么，退休后遇到的这些恐惶，将会给我带来什么结果，现在确实还很难说啊！

聪明误

/

　　我不能说你不聪明，但你确实没留下好名声。只要你在街上过，准会招来一片喊打声。那天你从灶边走，失足掉到锅里头，主人不但没同情你、抢救你，还把你从锅里捞出来狠狠地摔在地上，扭过头冲着你唾了一口：呸！害了我一锅汤！说到害了一锅汤，你害的远不止那一锅。前日有报载，西高新有家牛蛙火锅店，味道鲜美，声名远扬，食客不断。某女客人从油汪汪的火锅中夹起一块肉，定睛一看却是你的头，霎时便翻肠倒肚，这还不说，回家后得上厌食症，见吃饭便呕吐，至今还在医院里。火锅店也因此事倒闭了。你说你可恶不可恶？！

　　你活在世间倒是不嫌贫爱富，富人家你常住，穷人家你也光顾啊。富人家的红木柜子你敢咬烂，穷人家的纸箱子你也没有放过呀。可怜的就那几件换洗衣裳，你还给咬个稀巴烂，你说你讨厌不讨厌？你说你不是故意的，是牙齿长长了不磨很难受。那墙角有砖头有石头，你怎么不在那上边磨呀？！

　　那几年人们生活苦，日子过得很艰难，好不容易生产队给每人分了一两菜籽油，我们家也分到半斤多一点，盛在小罐子里放在案板上，上面盖了个瓷盘子，你悄悄地爬到案板上，蹲在罐子上面，左看看，右闻闻，扭过屁股把你的长尾巴从没有盖严实的缝隙伸到罐子里蘸上油，然后抽出尾巴放在嘴里，吱溜吱溜吃得真香呀！我一声断喝，你噌地从案板上蹿下钻进洞里去了，你说你可憎不可憎?!

家里养了二只老母鸡，酱醋油盐全靠它们卜的蛋去换来。为了防止你偷吃鸡蛋，我们把鸡窝垒在三尺高的土台上。记得那天主人收鸡蛋稍晚了点，你便趁机溜进鸡窝里，四条腿把鸡蛋一抱，骨碌碌从鸡窝里滚出来，只听"咚"的一声，你抱着鸡蛋从土台上掉到地面上，脊背先着地，鸡蛋竟完好无损，你迅即滚着鸡蛋往墙根的洞口跑，要不是我追得快，你才不会丢下鸡蛋逃命呢！

地里的粮食收回家，首先要想办法防止你偷吃它。主人买来八号铁丝，拉在两根木柱子上，把苞谷棒子挂在铁丝中间，想着两头是细细的铁丝，你没办法到中间去吃苞谷吧？不料想你有特技呀！那天我亲眼看见你从木柱上方爬下来，而后把四条腿往铁丝上一倒挂，噌噌地就运动到铁丝中间的苞谷棒子上了，真厉害呀！我至今都弄不明白，也无法考证是我们的先民们看到你这个绝技学会了攀绳过山谷江河的本领，还是你看见了人们的这个动作而加以模仿？

千百年来，你对人们生活的干扰破坏从没停止，人们对你的可恶剿杀也没放松，以至到了那个忍无可忍的时期，亿万万人们竟有组织轰轰烈烈地开展了一场"除四害"运动，你便是其中一员啊！多年前，人们已为其中的某一员平了反。你即便不能脱胎换骨，也可以做到改邪归正与人们和平共处呀！像你的同伴那样，把灰色的皮袋换成了张白色的，便乐悠悠地待在舒适的实验室里与人们做点有益的事呢。你不是不聪明，关键是把聪明用错了地方！真是枉集聪明于一身！

世间多少事，到头来，都是聪明反被聪明误啊！

给理想插上翅膀

菠菜，祝贺你即将完成小学学业跨入中学生的行列。你是一位重情谊的小朋友，以绘画和注解的方式记录下与老师、同学的情谊，这是个很好的创造，既锻炼了自己，又愉悦了同学，你做了一件十分有意义的事情。

少年是人生成长的基础阶段，既要开始确立理想，又要为理想插上翅膀，还要使理想开始飞翔。以我的经验，人身上最能持久的东西都是少年时期得来的。

少年要修身。就是要学着做人，而且是要做好人。做好人的基本准则是孝敬父母，报效国家，还要学习和传承中华民族的传统美德。我看了你给同学写的评语，既看到同学的优点，又看到了同学身上的缺点，很真诚，很客观。每个人身上都有闪光点，当然也有缺点，你若能努力把大家的优点集中到自己身上，你将会变得更加优秀，你若能远离别人身上那些缺点，你将使自己的人生之路走得更加顺畅。

少年要立志。"少年负壮气，奋烈自有时。"立志，就是为自己的人生确立航向，确定目标。每个人都会有自己的理想，自己的理想一定要和国家的发展人民的利益相融合，使自己的理想有一个坚实的基础，有起飞的平台。你能成为栋梁之材固然可喜，即便是一棵小草，只要蓬勃顽强，同样能为社会增添生机。

少年要勤奋。"少年辛苦终身事，莫向光阴惰寸功。"理想再好，没有勤奋，不愿吃苦，理想只能成为幻想。在这一点上，你已经有了一些很好的开端。比如去年"十一"长假，你在父亲陪伴下，从古城西安骑单车去韩城老家省亲，三百多公里用了五天时间，沿途学到了知识，磨炼了意志，强壮了体魄。那些行程，将会成为你人生当中一些金色的记忆。

"为学应须毕生力，攀登贵在少年时。"希望你和同学们珍惜少年大好时光，把中学阶段作为新的起点，勤奋学习，刻苦锻炼，用重锤打出薄刃，用烈火铸就寒光，在风雨兼程中练硬一对能高高飞翔的翅膀。

顺祝
全面进步！

尹武平
2017 年 2 月 14 日

　※　本文收入未来出版社《你好，六年级四班》一书

野营

/

那是二十年前的事儿了。

那时候我在红军师任副师长，分管作战训练工作。那个师是全军首批应急机动作战师，常年处于战备状态。上级组织的检查考核、调研试点、紧急出动、战役演习等各类工作组这个还未唱罢那个又来登场，加上每年都要把部队拉到野外进行近四个月的外训，弄得部队像一把拉开了弓的箭，一旦松手，弦还有没有弹性？箭能射多远？确实还不好说。

作为分管作战训练工作的副师长，每当看到办公楼前那幅"首战用我，用我必胜"醒目的标语，我的心头都会为之一震。我心里非常明白，我们师的预定作战任务在高原高寒缺氧的边境地区，而部队却年复一年地在内地低海拔地区训练。我常常扪心自问：一支常年在低海拔舒适环境下训练出来的部队，有什么资格敢拍着胸脯保证，在高原高寒缺氧的条件下作战能做到"用我必胜"呢？况且，那些年，野战部队的"野"味，已逐渐地被这些炫目的标语所遮盖，被那些震天的口号给冲淡了。每每想起，我会不由自主地脸发红，耳发烫呢！

我要改变！我要从部队野营这件事儿上做起，使野营既不像词典上注释的那么简单，更不像"百度"上解释的那样浪漫。

我和我的战友们要对野营做出军人独特的诠释。

我第一次组织部队野营是在河西走廊的金塔南山脚下。记得那是1998年的初夏，我率师前指和所属有关部队，依令而动，按照战时体制编成组队，分别从天水古郡、青铜峡畔、贺兰山下，或铁路，或摩托化机动，风餐露宿，昼夜兼程，一路边开进边演练相关课目，终于安全集结在金塔南山附近地域。

部队到达驻训地后第一件事就是组织野营。对于野营，行前我们已做了部署，确立了"有利训练，方便生活，便于管理"的总思路，提出来要改变以往外训从一个营区搬到另一个营区，从营房搬到学校、工厂或民房去驻训的惯例，做到：不住一间民房，不用一度市电，不饮用一桶自来水，实现真正意义上的野战条件下自我保障。

我把时任直工科长赵建宏找来，如此这般地交代一番，要求他先在师直属队摸索路子，树立样板，以便我们在驻训部队中全面推开。

第二天一早，赵建宏呈上来一份师直野营布局图。我看着他那一双布满血丝的眼睛，便明白这是他熬了一个通宵搞出来的。我提出了一些修改意见，他便组织直属队的官兵热火朝天干了起来。仅两天工夫，一座简易营区在戈壁荒漠上建起来了。多好的军官多可爱的兵啊！他们用制式帐篷、改造的车体帐篷、彩条布、防晒网等器材，各显其能地依次建成了作业区、休息区、就餐区、娱乐区、停车区、垃圾区等场区。营区内有笔直平坦的道路，营门口有制式的哨位和用石头堆积起的假山。大家说这么漂亮的营区得有个名字啊，我说就叫"野营村"吧。

组织全师外训部队观摩后，一时间，数个野营村在河西走廊的戈壁荒漠上平地而起。士兵中蕴藏着巨大的创造力，他们有的在"野营村"前雕塑起团队驻地麦积山等风景，有的堆塑起象征自己团队荣誉特征的"金刚钻""铁锤子""坦克""火炮"等景观，还有的移花种草，使"野营村"成了荒漠上一道亮丽的风景，引得当地群众和学生络绎不绝地前来参观拍照。时任兰州军区王副司令员观摩完"西部—98演习"后，专程来"野营村"视察，对我们的做法赞赏有加，要求全区驻训部队的指挥员都来观摩学习。从此，"野营村"在西北外训部队中遍地开花。

当友邻部队的领导在挖空心思思考着实践着如何把"野营村"建设得更舒适更美丽的时候，我却对我们自己创造的"野营村"心生质疑。这样做符合实战化要求吗？那集中存放的车辆，还有那整齐划一的营帐，不正是给对手创造性地提供了一个便于打击的目标吗？再说，野营是为了保障部队生存能力、提高作战能力的，不是一味追求舒适的，更不是用来观赏的。为此，我提出建议：来年，一定要把部队整建制拉到与遂行预定作战任务相似的地形和环境下去摔打。我的建议被上级采纳，也为我第二次组织部队野营提供了机会。

2000年6月，我和党副政委与师机关四大部有关同志，组成轻便指挥所，率领一个整建制混成团，千里挺进至昆仑山下，在海拔四千二百米的西大滩地域进行适应性训练。这也是全军训练史上首次组织团以上部队整建制赴高原高寒地区进行适应性训练。只见玉珠峰挺立着晶莹的身板傲立苍穹，睁着好奇的双眼，第一次见证了红军师的健儿驾驭着坦克、步战车，牵引着各式大型火炮，携带着各型导弹和各种武器装备，会聚在自己的脚下；又见昆仑山雄踞翼侧，也伸出了冰冷的双臂，拥抱着这支为了打赢而挑战生命禁区的队伍。

是啊！战胜敌人，首先要适应这高寒缺氧的自然环境。

曾记否，当年不论是"进藏先遣连"还是"中印边境反击作战"，对部队生存威胁最大的是高寒缺氧这两个"天敌"。牺牲的战友，多数不是倒在了敌人的枪口下，而是被高寒缺氧吞噬了年轻的生命。多年前，一位将军曾问长年坚守在纳赤台兵站的基层军官，平时身体对高原反应有什么不适时，有位军官脱口回答："胸闷气短，头疼×软！"

这里我还要说到两个小插曲。一个是部队机动到德令哈南侧地域时，我给"铁锤子"团出了一个"前方发现敌小股侦察分队"的情况，团长当即分析判断情况，下定决心，令担负前方警戒任务的"红九连"迅速前出，予以歼驱。"红九连"兵分两路，利用地形，快速机动，先敌开火，指挥果断正确，处置干净利落。团长当即集合"红九连"给予表扬肯定，话还没说三句，一名战士扑通倒下，只见其双眼紧闭，嘴唇发紫，手脚抽搐，随队军医急忙上前处置，不料接二连三地又倒下几位战士，好在团卫生队救护车就停在附近，卫生队长一干人迅即近前，解开战士衣领，拿着听诊器正要往里塞，我当即断喝一声："这会儿还听个×！快上氧气！"几个氧气包打开，氧气管在战士鼻孔前放了不到两分钟，几名战士的症状便迅速缓解。我马上让机关通知部队：以后凡遇官兵感到身体不适，先给氧，再问诊。并且要求晚上负责查铺查哨的军官，每两小时要把熟睡的官兵摇醒一次，防止一觉永远睡过去啊！

另一则小插曲是我任团长时，有年冬天组织部队拉练，夜间露营牛首山下，当时气温零下二十多摄氏度。机关同志为了照顾我这个团长，为我一个人安排了一顶帐篷，放了一张钢丝床，铺了几条垫被。我晚上戴着皮帽子，穿着棉衣棉裤和毛皮鞋，盖着棉被和皮大衣睡到半夜竟被冻醒了，被窝里一丝热气也没有。索性爬起来去查铺吧。却见睡在地窝子里的几个战士穿着衬衣头上冒着热气正坐在那儿聊天呢，问他们怎么还不睡觉，回答是热得冒汗睡不着呀！

我对这两个小插曲不但记忆犹新，而且从中受到了很大的启发。所以，这次野营，我们再不搞那整齐划一美观漂亮的"野营村"了。而是按照在有敌情顾虑的大背景下，充分依托有利地形，疏散配置重型装备；部队野营全部半地下化，利用制式和就便器材，解决官兵防寒保暖的问题。从格尔木南山口开始，海拔每升高五百米便建立一个野营地，在每个营地训练适应一个礼拜后移动至下一个海拔更高的营地，采取这样"台阶式"训练法，大大提升了官兵适应缺氧环境的能力。从格尔木南山口到西大滩百余公里的通道地形上，十九座野战营地给人一种神秘莫测的感觉，一队队龙腾虎跃的官兵让路人艳羡不已。青藏公路横贯通道，过往的车辆及游人不时驻足观看，拍照留念。"野营村"也由此升格更名为"野战营地"了。

两年后，"西部02"演习在贺兰山下如期展开。全师部队按照作战预案中进入待机地域的配置要求，做到了"实战化缩小距离配置"，实现了"天上看不见，地面难发现"的目标。外训部队全部采用了地下化半地下化的野营方式，使野营与实战化要求又贴近了一步。有一天下午，当我陪同时任兰州军区郑副司令员，站在一个小高地上，指着眼前戈壁中的通道，说这里配置着一个坦克营时，他显得有点不可置信，随即问我：能拉出来看看吗？我回答：可以。马上令站在一旁的任团长：命令三营立即出动！霎时，马达轰鸣，履带翻滚，几十辆装甲战车仿佛从地下冒出来一般，扬尘飞驰，齐聚在小高地附近。郑副司令员脸上露出了满意的笑容。

说到野营，我是一定要说一说"野营度假村"的。

人都说做军嫂辛苦，那么，做应急机动作战师所属部队的军嫂就更辛苦了。那些长年两地分居在家乡带孩子的军嫂们，好不容易盼到了丈夫休假，热乎了没几天，冷不丁会接到一个电话或一份电报：部队外训，见电速归。更令军嫂们难以面对的是，她们像久旱的庄稼盼一场透雨那样盼着学生放暑假，以便带着孩子到部队去度假。此时，丈夫却在千里之外的戈壁滩上摸爬滚打着呢。再说，部队在外训地根本就没有条件接待来队家属啊！这样年复一年，军嫂们难免会产生抱怨，有的夫妻甚至因此感情破裂家庭不睦，更为严重的是影响到了基层军官的思想稳定，挫伤了他们参训的积极性。

为了解决这个问题，我和"一班人"商议，决定从2002年开始，师直和每个团队要利用当地民房或自行搭建帐篷各建立一个"野营度假村"，以此满足军嫂们临时来队探亲的需要。军官们早出晚归专车接送，既不影响训练落实又能与爱人孩子团聚。"野营度假村"免费为大家提供食宿，各单位还组织军嫂和孩子们观摩部队训练，参观当地名胜古迹。军嫂们亲眼目睹了自己丈夫刻苦训练的情景，联想到部队为她们做了这么多丰富贴心的工作，顿时，不理解变成了鼓励，一肚子的怨气转变成了对丈夫干好工作的大力支持。

那些年，我们围绕"野营"做了不少工作。野战指挥方舱、野战局域组网、野战营养快餐等新手段新产品也应运而生，极大地丰富了"野营"的内涵，为全师部队生成和提升作战能力提供了有力的保障。

掌声背后的冷落

　　在我家里屋的犄角旮旯里，放着一个不起眼的旧木箱，里面静静地躺着七枚金光闪闪的军功章。

　　四十多年来，它们先后被我极不情愿地塞进这只箱子里。它们的光芒，它们的荣耀，包括浸渍在它们身上的汗水泪水甚或血水，还有聚凝在它们身上的精气神，一同被尘封在那近似棺材般的木箱里。我敢说，除了我，这个世界上，没有人会知道它们的存在。但它们不但实实在在地存在着，而且熠熠生出带有军人血性的光芒。这是因为每一枚军功章后面都镌刻着一个令人心动的故事。

　　1978年初春的平凉二十里铺，天气乍暖还寒，在师教导队的院子里，聚集着全师百十号班长。当年所谓的"预提干部"苗子，正在热火朝天地开展争当"神枪手""特等射手""打坦克能手""投弹能手"等训练竞赛活动。训练热潮驱赶着冬日里残留的寒冷。

营区外沟壑纵横的原野上，我和战友们手提钢枪，迎着寒风笔挺地站成一排，逐次接受着"神枪手""特等射手"的竞赛性考核。竞赛条件是很苛刻的。射手每人四发弹，分别对四百米距离上的半身靶和二百五十米距离上的头靶目标进行射击。两个目标分别出现两次，每次显示十秒，隐蔽十秒，射手要在四百五十米距离外开始跃进，自行观察目标，自选姿势进行射击，两个目标均是首发命中者为"神枪手"，命中两个目标者为"特等射手"。

　　随着指挥员一声令下，我持枪疾步跃进，发现目标后，迅即完成卧倒出枪、送弹上膛、判断距离、复定表尺、修正风向、排除虚光、据枪瞄准击发。嚯！枪响靶落！这一系列动作须在十秒钟内顺利完成。紧接着又收枪起立继续前进，在二百五十米左右的距离上发现头靶目标，我赶紧调整呼吸，瞬间稳定了一下情绪，迅速完成射击的各种动作，又是一个首发命中，又是一枪撂倒啊！要知道，这两个目标在平整好准星缺口的景象里，还没有黄米粒大呢！

　　几天后，师首长在师部礼堂召开表彰大会，表彰奖励了几十名"特等射手""投弹能手""打坦克能手"，唯我获得了"神枪手"并获记三等功一次。我在雷鸣般的掌声中走到主席台前，挺着胸膛，期待着师首长能把军功章亲手佩戴在我的胸前。可惜，可惜的是，我的这点小企盼并没如愿，师顾参谋长只是把一个红色的盛放三等功证章的盒子放在我手里。放在我手里的还有一支上海生产的"英雄"牌笔，算是精神褒扬物质奖励都有啦！

　　此后若干年，我在排长、团司令部参谋、连长、军司令部参谋、营长、特种大队大队长的岗位上又分别获得一枚军功章。尽管每次都获得了掌声，但却没有获得一次佩戴的机会。

　　我之所以看重佩戴军功章的仪式感、庄重感，是因为它不是对一名军人超常付出的敷衍，是因为我能体会到军功章的来之不易。一位热血青年跨入军营，在熔炉般的环境里，羡慕军功章就像抬头仰望天上的月亮一样，看着美丽却又似乎遥不可及，尽管觉得遥不可及，但多数军人并没有放弃向这个目标去努力。我有着这样的生活体验。记得在新兵那会儿，每晚临睡前是法定的小值日讲评本班一日生活的时间，这是部队雷打不动的一个传统做法。小值日讲评的一项重要内容就是要表扬本班当天的好人好事，而后，副班长或班长再"指示"性地强调几句。若这仨人能点到自己的名字，这一天浑身的疲惫瞬间便逃得无影无踪，晚上准能睡一个安稳觉，半年或年终总结时若能获得个"连嘉奖"，那高兴劲三天三夜也消散不尽，更不要说立个三等功的自豪了。

我曾留学俄罗斯，也曾访问过欧洲南美洲多个国家，走出国门，我才感受到无论是大国还是小国，无论是富国还是穷国，他们对军人的尊崇，对英雄的敬慕竟是那样的蔚然成风，竟是那样的深入人心，竟是那样的社会自觉。游走在俄罗斯的大小城市，我都会看到他们把民族英雄、文化名人的雕像矗立街头，供人们像敬神灵一样敬仰。每逢重大节日，我会看到胸前挂满勋章奖章纪念章的军人充满自豪地行走在公园里或街头上，人们投向他们的目光都是敬慕的、真诚的。难怪斯拉夫民族在遭受法西斯蹂躏时能够同仇敌忾奋起反击，鲜有成群结队的伪军。一个崇尚英雄的民族肯定是有希望有作为的民族。一个尊崇英雄的国家一定会立于不败之地。

我是多么企盼在我们这个可爱的国家里，也能营造出一些崇敬英雄的氛围，给立功者佩戴军功章找回点自豪感的机会，给大家创造些荣誉感和激励上进的氛围啊！

好不容易等来了一次机会。2007年"八一"前夕，全军军官配发了新礼服，总部也下发了佩戴勋章的有关规定，当兰州军区数百名师以上军官会聚兰州参加一项重大活动时，我兴致勃勃地戴上了自己几十年奋斗挣来的七枚军功章，满以为可以自豪一番显摆一阵，谁知集合前一位领导通过机关人员提醒我：军功章就不要戴了。为什么呀？我随口问道。因为没有人戴。回答得诚恳明了。事后我想，领导的提醒是善意的更是必要的，如果我当时戴那么多军功章出现在会场里，大家一定会用像看"小偷"一样的目光看着我。那时，立功者不但不是荣耀者，反而会像是做了许多亏心事的人一样，多尴尬呀！

我望着窗外银杏树上不断嗖嗖飘落的叶子，独自思忖，这些叶子翠绿了春，遮凉了夏，美丽了秋，遇冷而落，是为了拥抱大地的温暖，避开寒冬的摧残。

那么，军功章的冷落，又是为了什么呢？

良心门前站道岗

/

这两天，有几拨子战友来看望我，甚或从千里之外快递来几包土特产，我才意识到又快过年了。

思念便像展开翅膀的鸟儿一样，迅即飞回到了过往的时光里。

那年过年前夕，我到一个团队去检查工作。晚饭后在营区内散步，当行至团首长小院大门前时，发现明晃晃的路灯下，笔挺地站着两位哨兵，便驻足观看。陪同的团长政委赶忙解释：快过年了，为防止一些官兵借机给团领导送礼，我们临时在此设立了双岗，并对进出人员进行登记，以此堵住送礼之风。听到这里，我笑了笑说道：这道岗好是好，只是站错了位置。团长政委一愣，忙问：那该站在哪儿？我抬起右手，指了指自己的心口说道：应该站在这里。他俩相视一笑。我接着说：我们这些当官的，如果不在自己良心门前站道岗，贪婪便会像一条野狗，不但随时会钻进来，而且会把一个人的良心吃掉的！随行人员听罢，皆颔首称是。

我记得每到年前这个时节，上级总会不断地发电报、下通知、开大会，对如何快乐祥和安全顺利地过好年提出这样那样一些要求，作出这样那样一些规定，其中最重要的一条就是不准借拜年之机给上级领导送礼，但恰恰在这个问题上却是愈演愈烈。送礼不外乎这么几种情况：有的军官是急功近利，给上级送个大礼包，企盼尽快能升一级；有的是借机搞感情投资，希望日后能得到方方面面的照顾；有的是本意不想送，但看别人都在送，唯恐把自己"晾"起来；当然，也不乏有些人是借拜年表达一下自己的感恩之心。总之，那份礼包里包着的不仅是金钱，还有诸多的"意思"在里面呢。当时部队基层军官收入都不高，过年简直成了一个"关口"，夫妻俩都不知道商量了几个晚上，权衡了多少利弊，省吃俭用了多长时间，才积攒了那么个"红包"，还心疼肚子疼地送给了领导。你想，年复一年地这样去"意思"，还真的是"意思"不起的。

我还记得有一年年前，集团军召开电视电话会议，有位集团军主要领导讲到廉洁过年，那可真是振振有词啊！末了却说：过年嘛，大家给领导拜拜年，聊聊天，表达一下感情，也是可以的嘛。我当即一怔，这分明是给送礼之风留了一条缝嘛。说实话，那些年的确有一些领导干部，在台上讲廉洁提要求一套一套，口气很硬，在台下收起"礼"来也绝不手软！可谓是来者不拒啊！待集团军首长作完指示，我当即在全师大会上讲：关于拜年这件事，不管上级怎么讲，在本师范围内，各单位一律统一组织团拜会，只允许上级给下级拜年，绝不允许下级给上级拜年！不登门给上级拜年从本师长做起！师部大礼堂和各团分会场顿时响起了经久不息的掌声。我紧接着说道：我也坚决拒绝全师任何人来给我拜年，若哪位硬要来了遇到难堪，不要说我言之不预。如果你确实关心我支持我感谢我，待我退休了你再来给我拜年吧，那时我一定会热情接待你的。

我话是这么说的，事更是这么做的。我任师长那几年，每年大年三十上午，我都会和政委带着干部科长，逐门逐户给全师机关每位科长和临时来队家属去拜年，每户送一束鲜花，一盒糖果，给每家小孩发一个内装一百元的红包。师机关四大部门的领导按同一标准，分别给本部门的参谋干事助理员拜年。大年三十晚上，我带机关同志专程逐一慰问各类值班执勤和哨位上的同志，我认为这是一位师长应具备的基本品质，是对师长这个职务的忠诚。上行下效，团长、政委、营连长们也纷纷在假日里替战士站岗，让战士去看中央电视台直播的春节联欢晚会。

写到这里，我突然想，这两天来的几拨子战友，是不是还记着我十多年前的那几句关于拜年的话？抑或是专门来慰问我良心门前曾站过岗的那位"哨兵"？

牵一缕清风拂利剑

我离开师长职位已近十五年了，我们师也消失在军改的大潮中，但我们当年干过的一些事，却像麦积山上的石窟一样，历久弥新。

我们师是一支历史厚重声名显赫的红军师，是一柄横亘在西北大地上随时准备出鞘的利剑。我既然做了一师之长，就铁了心与战友们一起，要牵一缕清风，拂利剑之尘，把部队建设成为敌人很害怕、上级很放心、友邻很佩服、官兵很信赖、人民很拥护的雄师劲旅。

（一）

至今依然记得，那天我走进师长办公室，坐在了全师第一把交椅上时，浑身竟没有生发出一星点的兴奋与激动。

我不能说自己受命于危难之时，但全师士气空前的低落却是不争的事实。原因是在我走马上任前的 6 月 23 日，师装备部直属单位发生了一起特大火药燃爆事故，十余名战士不幸牺牲，另十余名战士严重致残。一夜之间"6·23"这个特殊的日期便成为这支声名显赫的红军师的代名词，也使红军师万余名官兵为此蒙羞并成为大家心中永远的痛。

士气低落还不是最令我担扰的。

最使我忧虑的是那会儿腐败之风已肆虐部队，军营里也出现了权钱交易的恶习。一些领导没有把主要心思用在工作上，而是放在了迎来送往拉关系搞接待上，已经是什么都敢吃，什么都敢喝，什么都敢送了；在选人用人上，"说你行，你就行，不行也行"，"只要把礼送到位，就能把事办成"已成为一些人"看家"的"本事"和心照不宣的潜规则了。

我凝望着办公桌上那幅旧记事牌沉思起来。那幅记事牌自从我当团参谋长时起就一直放在我不同职位时的办公桌上，尽管颜色有点泛黄，但上面"公生明，廉生威"六个字依旧十分醒目。多少年来，它已成为我为官处世的座右铭了。"吏不畏吾严，而畏吾廉；民不服吾能，而服吾公。"先人的遗训多年来始终鞭策着激励着我由一个农民的儿子，一步步走上了师长的岗位。

此时，一声洪亮的"报告！"打断了我的深思。推门进来的是副参谋长叶大斌，这位从巴山深处考入军校跨进军营的汉子，长着一对会说话的眼睛，自身要求严，遇事肯动脑，一米六几的个头里，却充盈着满满的正能量。只听他说：首长，昨天晚上前后有三拨战士到我家去，家属没敢开门。这不，我加班回家后发现从门缝底下塞进来一个信封。他边说边从裤兜里掏出来，接着说道：一共三千元。信封上有名字，想转士官，我准备马上退给他。我看着他那张写满了真诚的脸庞，不由从内心深处为有这样的部属而欣慰。我沉思片刻，缓缓说道：给你送了，会不会给别人也送了？你退了，别人会不会也退了？你和机关同志研究一下，拿出一个士官选取的方案。这个方案就是要让士官选取这个关乎战士切身利益，又关乎部队战斗力提升的敏感问题公开、公正、透明地得以解决。在具体操作上，士官选取再不能搞几个人说了算的暗箱操作了，要让广大士兵说了算。明天把方案呈给我看。

送走大斌，我联想起一位军首长曾给我说过一件事。说友邻部队有一位山东籍战士，是连队的技术骨干，很想转成士官在部队多干几年。听说转一名士官要花三千元，便让父亲卖掉了家中唯一值点钱的一头牛攒了一千八百元，又左邻右舍的借了四百元，还差八百元，请军首长别嫌弃把这两千二百元收下，给他们部队领导说一声把他转了。军首长意味深长地给我讲：老尹啊！部队这样下去怎么行啊？待你当了师长，一定要把这些事好好抓一抓。

首长讲的事，我信。首长的担忧，也绝不是危言耸听。试想，士官选取，军官提升都要用钱去买，以后这军中还有没有冲锋陷阵的官兵？我们是一支随时要打仗的部队，如果有一日，当我们面对敌人需要做出牺牲时，会不会也有官兵以金钱换来靦颜苟活？想到这里，只觉得有一股寒气从我后背嗖嗖划过，使我不寒而栗啊！

我心里明镜儿似的清楚，在这世风日下的大背景下，要使自己独善其身，要使自己所带的部队保持一方净土，无异于逆水行舟，搞不好会搭上自己政治上的身家性命。那会儿，推崇的是既收礼又办事的领导，痛恨的是只收礼不办事的领导，最不屑的是不收礼也不办事的领导。我应该都不在此列。记得当副师长时，有一位正营职军官想提升为副团找我，被我挡在门外且拒收他掏出的"信封"，但我了解这位军官，素质还是很优秀的，在研究酝酿提升对象时，我还积极主动推荐了此人。不承想他提升后见了我不是面露不悦就是尽量回避。唉！想做个清官也难呀！但我不在乎这些，我要对得起师长这个职位！此时，脑际竟过电影似的闪现出《岳母刺字》中"精忠报国"的字样，《在烈火中永生》里许云峰那回眸一笑，《英雄儿女》中王成手持爆破筒跃出战壕……

门外一声清脆的"报告！"打断了我的深思，推门进来的是机要参谋，当我看完电报准备签名时，才发现手中的签字笔不知何时已被我捏断成了两截！

索性推开窗户，让冷空气帮我稳定一下情绪，又见外面操场边上数月前栽的一行行雪松，有几棵经不住风吹雨淋，歪歪扭扭地斜伫在那里，遂抓起电话要通了营房科长赵忠诚，告诉他：弄几根钢管把那几棵雪松支起来，树既然活着，就让它直溜溜地往上长吧！

我深知，对于一支部队来讲，风正才能气顺，气顺才能心齐，心齐才能劲足，劲足才能干成一些事情。我把自己的想法与政委通了气，并与其他师首长交换了意见，得到大家一致的赞同。《士官选取方案》在师常委会上顺利通过。我们将其称之为"士官选取十步法"，即：动员教育、个人申请、军政考核、个人述职、民主测评、体格检查、支部初定、组织公示、上级审批、宣布命令。当时在全军部队中也算得上是一件新鲜事。

我把这个方案的特点概括为两句话，即：先过群众关，再过领导关。军政考核成绩靠后，不能进入民主测评，民主测评不过关，排名靠后者，不能作为选取对象。"民主测评"成了我们处理各种关系及说情风的挡箭牌。说实话，我们这样做事确实会断了少数人的"财路"，但却赢得了广大官兵的人心。当然，也有机关个别同志私下抱怨的，说什么上级首长机关交办的事没办成，得罪了上级以后工作难开展呀，老战友老上级包括亲戚朋友的孩子没得到关照丢了面子呀！我在全师大会上讲：请大家不要低估了上级首长机关人员的基本觉悟；更不要低估了我们办好这件事的决心！我的手机号是：×××93868202（为便于官兵记住，后五位是我们师的代号），全天二十四小时开机。发现问题，请大家随时举报，如发现有送礼的，取消选取资格；如发现有收礼的，不论是谁，先停职，再从严查处。

还真有军区首长的一位秘书给我打来电话，说汽车二连有位战士是首长一个村的，选士官时给弄上。我了解了一下，不行啊！这个战士平时依仗关系硬，在连队吊儿郎当，民主测评不过关，选不成啊！紧接着首长夫人又给我来电话：尹师长啊！请你把那个战士照顾一下，不然村里人会说首长那么大的官，连这点小事都办不成，我们会很没面子的。我说：这个战士表现一般，如果给了您面子，我们就会失去万余名官兵的信任，还请您多多理解，支持我们的工作。首长夫人尽管心有不悦，但还是通情达理的，说：那我们把他调走吧？我当即回答：可以。

汽车一连战士小王，从重庆市入伍，父母在家经营着一个公司，生活比较富裕。父母把小王送到部队，就是为了锻炼一下孩子。小王也很争气，平时严格要求自己，完成各项任务很出色，民主测评为全连第一名。当连长、指导员把《士官登记表》送到小王手中时，小王激动地给连长、指导员说：我原以为这次士官选取像往年一样，只是走走过场，没想到今年真的发扬民主，公开、公正地选取最优秀的战士。我父母在家已给我联系好了工作，我建议把这个名额安排给名次靠前的战友。就这样，我们通过士官选取，不仅把真正军政素质好的各类技术骨干留了下来，而且更重要的是开启了实实在在端正部队风气的先河。

（二）

您现在只看见全军陆海空军和火箭军官兵用餐方式全部是"自助餐"，但您很可能不知道当年"自助餐"是怎么走进军营的。作为一名经历者与见证者，我给大家说说军营"自助餐"的来历。

吃饭，是一个人每天都会遇到的一件事，但却是生活中的一件大事儿。人是铁，饭是钢，一顿不吃饿得慌。不然，古人怎么会发出"民以食为天"的感慨呢！

对一个连队来讲，伙食优劣关乎到一个连队士气的高低，战斗力的强弱。从一定意义上来讲，战斗力也是吃出来的。

但凡有带兵经验的领导，往往都特别重视连队的伙食管理，让战士吃好是第一位的。你甚至从战士们的容颜气色、精神状态，以及喊番号声是不是雄壮有力，训练场上的动作是不是龙腾虎跃，便能判断出这个连队的伙食质量。难怪过去从战争年代过来的首长，到连队检查工作总是先到猪圈再到伙房看看，而后才去训练场呢。

客观地说，随着社会经济的发展，部队的伙食标准也不断地提高，但那几年从战士的餐单上看，变化不明显。尽管上级也做过一些硬性规定，什么"半斤加四两"呀，什么"每天一个蛋，一杯奶"呀，即便是这样，从战士们的餐桌上看，仍然没有明显的变化，这里面固然有物价不断上涨的因素，但肯定也有其他原因。

我经过调查，发现战士吃不够伙食标准的主要原因有四条：一是把连队伙食当成了"唐僧肉"，谁都想割下来吃一块，如连队干部为了讨好上级送一点肉油面，自己家属来队到炊事班乱拿东西等；二是把连队伙食量当成了"万能量"，连队不管什么开支都在伙食费中开销；三是把节余多少伙食费当成了"政绩"，互相攀比，克扣截留；四是一些连队没有等级厨师，好食材没做好。

我与后勤部门的有关同志反复研究，确立了全师组织伙食要"阳光采购、服务到连、科学调配、自助用餐"的思路，确定由罗龙武助理员具体负责，先在通信营摸索试点，取得经验，而后在一个团推开，继而在全师铺开。服务中心的职能由以采购供应为主转变为以监督管理为主。供应模式的转变实现了采购零距离、供应零差价、连队零库存、交易零现金。我们从全军后勤专业机构请来营养学专家，根据部队不同的训练强度对人体能量消耗的不同要求区别配置相应的食材，形成了早餐每人一个鸡蛋半斤牛奶，午餐六菜一汤，一周晚餐不重样，每餐有水果、至少有两种以上主食的营养自助餐组伙模式。开始，一些同志担心好菜一扫而光，后面的同志吃不上，结果证明这种担心是多余的。我们的战士通情达理，剩下的往往还是好吃的肉类菜。每个单位凡伙食费节余满三个月标准的，再不节余，伙房值班员晚饭前逐顿公布每日消耗，供大家监督。无论是战士还是来队探亲的家属，普遍反映伙食很好，就连从城市入伍的战士，也说连队的饭菜比家里的花样多，味道好。时任兰州军区司令员李乾元检查完我们师这项工作后给予了充分的肯定，他说："阳光采购、服务到连"模式运行后，让连队小平车下了岗，让服务中心走下了被告席，也让军区党委会少了一个议题。

总后军需部在我们师的一个团召开了现场观摩会，自助餐由此便在全军推广铺开，至今越办越好。

（三）

我那天真是吃了豹子胆！

上午正在办公室处理文电，办公桌上的红色电话铃声骤然响起。我急忙抓起电话，是集团军政委从数百公里外的舟桥团打来的。互致问候之后，没有了往日的寒暄，政委在电话中便直奔主题：你们师上报的二十二名团职转业干部全批了。现在全集团军团职干部空缺位置少，需提升的优秀干部很多，你们师这次空出的团职岗位比较多，从集团军全局上考虑，我考虑准备给你们师交流安排两名团职干部……听到这里，我急忙打断政委的话：政委，我们师全面优秀过硬的干部更多呀。您不是反复强调使用干部要优中选强吗……就这样你来我往地在电话里说了四十多分钟，谁也没有说服谁。一边是硬中有软逐渐施压，一边是软中有硬毫不松口。我在电话里能听出来政委明显不耐烦了，他果断阻止了我继续陈述理由：尹武平！今天电话里不说了，明天我到你们师部咱们当面说！我说：欢迎首长来呀！

第二天下午，集团军政委一行如期而至，师常委们照例是在招待所门前列队欢迎，握手，稍事休息后便到党委会议室听取我们汇报工作，听完汇报，政委作了几条指示。末了，政委说道：其他人忙各自工作去，我找尹师长单独谈谈。

在师招待所二楼的小客房里，偌大的客厅只有我们两人。一时间空气像凝固了一般，房间静得掉下一根针都能听见似的。还是政委先开口打破了沉闷，很关心地询问我家庭情况、身体状况、个人还有什么困难和问题需要集团军帮助解决的，等等。一方面我体会到了组织的关怀与温暖，另一方面我也能预感到这是为说"正事"所做的铺垫。政委无非又再次强调领导干部凡事都要讲政治，顾全大局之类的话；我则反复陈述着我们师任务重要求高，配干部一定要优中选强的理由，掰着指头一个一个地汇报着我们的预提对象有多么优秀多么过硬。我甚至提出了这样一个建议：军师组成联合考核组，统一命题，内容有军事有政治、有操作有理论，对预提对象实打实地组织考核，按得分高低取舍预提对象。同时，我郑重表态：对于上级决定，我会坚决服从；若征求我意见，我已经把意见说得很清楚了。此时，我们师政委敲门进来说：请首长先吃晚饭吧，到点了。集团军政委终于松了口：这样吧，你俩都在这儿，交流给你们的两名干部必须接受，你们上报的预提对象中有两名干部集团军通盘调整安排。我知道，达到这样一个"共识"与结果，政委从内心里是不悦的。

晚饭照样是一桌丰盛的酒菜，推杯换盏中，大家都说着那些言不由衷的官话、套话、奉承话。

席毕，集团军政委一行要返回军部，我和政委及师常委排成一行在小客房门前为首长送行。敬礼、握手、告别，集团军政委喝得微醺，人已经上了小车却又推开车门走到我面前，面带着你猜不透的那种微笑，手指着我说道：尹武平我告诉你，你以后能不能提升，我的意见可是很重要的！我猛地一怔，这不是赤裸裸的威胁吗！但我瞬间恢复了平静，缓缓回应道：政委，我是一个农民的儿子，能干到师长已经是超常发挥了。接着我提高了嗓门，有力地挥动了一下右手，斩钉截铁地说道：只要我把这个师带好，上级要提拔我，你一个人是挡不住的！言毕，只见集团军政委"哐当"一声拉上车门，小车一溜烟似的驶离了营区。

我背起双手，信步往家走去，猛回头一看，几位师领导刚才因为吃惊而张大的嘴巴还没有完全闭上呢。

我回到家中，独坐在客厅暗自思忖，为了两名部属的提升，我竟然这样"不识时务"地得罪了顶头上司。难道自己不想进步了？心中顿生忐忑。

喝了杯水，平静了一下心情，我扪心自问：我没收部属一分钱的礼，在这个节骨眼上，我若不替这些肯实干有本事不会巴结上级的优秀部属说话，我还配做这一师之长吗？

※　本文刊于《美文》2019年第5期

归·途·拾·光

执着追梦梦成真

我热烈祝贺"特种兵作家孙华伟写作二十五周年暨散文作品研讨会"在京隆重召开。这既是华伟对自己二十五年文学创作的小结，更是他文学创作进入新境界迈上新台阶的起点。我作为特种部队曾经的一名老兵，作为华伟的战友与文友，不远千里专程前来出席这个研讨会给他鼓励为他祝贺，就成为理所当然的一件事情。

说起来，我和华伟很有"缘分"。二十年前，我俩是未曾谋过面的"老熟人"，他对我的认知是从特种部队军史馆里陈列着有关我的几张照片和几行文字说明而来的；我对孙华伟这个名字留有印象则来源于《解放军报》《人民军队报》有关特种部队训练管理保障及一些先进模范人物事迹相关报道的文章，那些文章署名是孙华伟。我之所以特别关注特种部队建设的动态，因为我是原兰州军区特种大队的首任大队长，我离开特种部队的第二年，华伟入伍成为特种大队新的一员，我俩都在特种部队那块"磨刀石"上磨砺过。而且那支部队的前身是一代抗日名将彭雪枫创建的抗日游击支队，参加纪念中国人民抗日战争暨世界反法西斯战争胜利七十周年"9·3"大阅兵的"攻坚英雄连"，就出自这支英雄的部队。这支部队不但有着辉煌的过去，而且有着灿烂的未来，在近几年参加国际军事竞赛和全军军事比武中屡屡夺冠，成为我军首支对外开放的特种部队。我俩先后都接受过这支英雄部队的培养和滋润，说是"老战友"也名副其实。我在担任青海省军区参谋长期间，时为特种大队文化俱乐部主任的孙华伟，曾和同事从宁夏青铜峡赴青海西宁，专程为我拍摄电视同期声。我至今记忆犹新。我与华伟的另一份缘则来自文学。说实话，写作都不是我俩的主业，但敬仰文学热爱文学追逐文学却是我们的共同爱好，我们都拥有"文学梦"。我是退休后，放下枪杆子，拿起笔杆子，学着写了一部分散文，幸运的是得到了晓声老师、宗仁老师等文学大家的鼓励、肯定与指点，也算取得了小小的成绩。华伟就不一样了，他过去是一手握枪，醉里挑灯看剑，一手握笔，讴歌军旅人生，现在是一边工作，一边创作，而且成绩斐然，我们交流也日渐增多，成为文友。

既然是战友加文友，出席这个研讨会，除了祝贺，我还要说一说自己的一些看法。

华伟是一个有故事的人。我们知道，孟子是我国古代一位伟大的思想家教育家，他有篇经典的文章叫《知人论世》，该文所倡导的传统文学批评的思想和方法至今都对我们产生着深刻影响。"颂其诗，读其书，不知其人可乎？是以论其世也。"所以评论华伟的作品，也需要先了解他的思想和经历。读罢《醉里挑灯看剑》这部书，我既了解了作者丰富的人生经历，更看到了一位中国特种兵的精神长相。单从这个响亮的书名里，就能感受到作者的激情豪迈和强烈的忧患情怀。孙华伟在新兵阶段就旗开得胜，军事课目全部优秀，总评成绩名列榜首，入伍短短三个月便获得三等功一次；参加特种兵骨干集训，他敢与老特种兵一比高低，每天提着哑铃跑两趟五公里越野，每天跑三趟四百米障碍，每周跑一次十公里。为了提高攀登楼房的速度，别人练时他也练，别人休息时他还在练，大腿内侧被坚硬的石墙多次划伤，直到结出硬茧。我见过胖一点的战士在训练中把大腿内侧磨出血的，还没见过在那么柔嫩的地方磨出茧的，功夫不负有心人哪！他终于掌握了一手攀登绝活，成为一名攀登尖子。当然，华伟在成长过程中不尽是吃苦和吃苦后的一帆风顺，他也经历了父亲英年早逝、母亲重病缠身、考学落榜、提干碰壁等诸多困难与挫折，不管遇到什么境况，他都怀揣梦想执着追梦。他服役十六年，先后荣立一次二等功，七次三等功，连续十多年被原兰州军区政治部通令表彰，荣获"全军优秀人才奖"等诸多奖项。我们看到的不仅是他获得这些荣誉的光彩，更能看到这些光彩后面的艰辛。即便是转业到地方工作后，他也不忘初心，从零开始，凭借自己的才华智慧和不懈努力，再次经历回炉、锤炼、突围、蜕变、超越，闯出一条不同寻常之路，完成人生又一次华丽转身。孙华伟的成长故事，本身就是一部人生励志之书。

我一直认为：一位作家一生都不一定能写出优秀的作品，但能写出优秀作品的作家，他的人生一定是不同凡响的。

华伟的散文充盈着中国军人的"精、气、神"。华伟是特种兵中的作家，是作家中的特种兵。他的散文作品题材广泛，触角多元。我看了一下，他散文书写的主要题材，一是关于特种兵的题材（譬如《死亡名额》《勇士的伤疤》等）；二是关于生命成长的题材（譬如《我的军营大学》《听从内心的召唤》等）；三是关于励志教育的题材（譬如《九死一生的传奇》《你也可以梦想成真》

等）；四是关于历史人文的题材（譬如《长城望》《山水苍茫》等）；五是关于多元文化的题材（譬如《日本人的忧患与自律》《中西文化与思维》等）。我觉得，华伟对上述每个题材的写作都颇有研究且有一定的深度，而且他把多个题材都融合得很好，相互渗透、互为补充、相得益彰。即便如此，我觉得军旅题材依然是他文中之骨。特种兵的"精气神"在几乎所有文章中都有印记或气息，这种特有的"大兵味"，使他的文章更可读、爱读、耐读，平添了许多韵味。华伟写散文很有灵性，他还善于将故事放在时代的大背景下去思考和构建，如此，他的作品不再属于他自己，而属于这个时代，属于身处大时代中的每一位读者，文字读来更有厚度，情感更有直指人心的穿透力，很容易引起读者的共鸣。我不知道各位注意没有，华伟同志的许多历史人文与山水类散文作品，写得非常简约、精炼、深刻、智慧，具有一种独特的韵味与美感，给人留下深深的思考，极具启迪性、哲思性与警示性，非常适合广大青年学生阅读。譬如第四辑的《黄河石林》《大美李家峡》《风雪钓鱼台》《角落里冒出的帝王》等作品，文风朴实，语言优美，思想深刻，意境高远，堪称散文佳作。

"潮起海天阔，扬帆正当时。"华伟的人生刚刚进入了生命与创作最成熟最旺盛的时期，希望他以这次研讨会为新的起点，借鉴汲取，海纳百川，百尺竿头，更进一步，在新时代文学书写中再传捷报。

2019 年 3 月 23 日于首都师范大学

墨缘情

/

　　我与继光因墨结缘，屈指算来，已整整三十二个年头了。

　　那年我在军作训处任参谋，老山前线战事正酣，由于弟弟当时在八里河方向的阵地上执行防御作战任务，我自然对那个方向的信息倍加关注。当时通信手段少，传播速度慢，我们获取前方战场上的消息主要是依靠听广播和阅读报纸。由于老山前线部队的作战行动归原成都军区云南前指指挥，所以，原成都军区的《战旗报》对参战部队的行动、战地官兵生活、群众支前活动等多有报道。有一天，我翻开《战旗报》，被一幅遒劲有力的书法作品《奋斗》所吸引。说实话，我对"奋斗"二字是很敏感的，尽管我热爱却不懂书法。其一，因为我是农家子弟，想出息一些就得全凭自己努力奋斗；其二，这幅作品的作者竟是一位战士，这肯定是一位新来的奋斗者。在那战火纷飞枪声不绝的战场上，一位年轻的战士在战斗间隙能够静下心来挥毫泼墨，没有超强的定力，没有对书法的痴爱是很难做到的。所以，他所书写的就不仅仅是书法了，他书写的是自己追求人生的理想啊！从那会儿开始，我便牢牢记住了他的名字——田继光。

我平时喜欢写点文章，继光热衷于研习书法，舞文弄墨成为我俩工作之余的一大爱好，也使我俩有了许多共同的话语。在以后的工作接触中，我逐渐了解到：继光出生在那个物资相对匮乏、文化氛围却相对丰厚的甘肃省镇原县，历史上，那里曾是一个翰墨芬芳、人杰地灵的地方，有着悠久的历史文化遗产。我还知道，他当年在老山前线作战时担任过代理排长，由于完成作战任务突出被火线提干，曾被原成都军区云南前指表彰为优秀战地共产党员。我更知道，无论是在战时还是平时，他在努力做好军事工作主业的同时，几十年来从未间断对书法艺术的探索和研习。军事工作的实践为他书法艺术的提高提供了取之不尽的源泉，书法艺术的研习又为他做好军事工作创造了灵性和动力，"主业"与"副业"相得益彰。

我在陕西省军区工作时，曾到继光任参谋长的军分区进行作战能力评估考核，他的各项工作都抓得井然有序，取得了很好的成绩。考核工作结束后，我和机关的同志到继光办公室，只见他的办公桌上和书柜里堆放着各种书籍，一看就是个博览群书、广师前贤之人。他拿出几十幅书法作品供我们品鉴。只见他的楷书法度谨严，用笔婉转流畅，点画风姿绰约；其隶书古朴典雅，笔墨圆润，形体秀丽；其行书用笔自然淳朴，豪迈奔放，个性鲜明；其草书笔力轻健，行云流水，大气磅礴。细观其所有作品，谋篇布局或姿媚婉转、韵味醇厚，或摇曳生势、疏密得当，或错落有致、浑然天成，文字大小搭配如同排兵布阵，看似无心，实则有序，章法虽变化多端，但又万法归一。看罢给人一种清而纯，静而雅，俊逸洒脱的感觉，不由使人击节称好！此时，他又专门拿出一幅作品请我鉴赏，只见上面书道：有志者事竟成，破釜沉舟，百二秦关终属楚；苦心人天不负，卧薪尝胆，三千越甲可吞吴。我顿悟，这不正是继光几十年军旅磨砺而生成的精神长相吗！

2015年初夏，红星书画院要在西安举办一场纪念抗日战争胜利七十周年书画展，我把继光的两幅书法作品推荐给了组委会。作品一经展出，便受到书法同行的交口称赞。当著名书法家吴三大先生看了继光的书法作品，听了关于继光几十年研习书法的情况介绍后，即席挥毫书下：从来书画本相通，首在精神次在功，悟得梅兰腕下趣，指上自然有清风。并将这幅书法作品赠予继光以示勉励。

前几日见到继光，言谈中感觉到他对书法艺术染神刻骨的领悟和孜孜不倦的求索。我祝愿他在书法之路上走得更远，攀得更高。我更相信他只要坚持习作，即便不成名，但一定会成功。

云梯

/

　　一个夏日，我早早地起床收拾停当，便驱车前往莫斯科以南二百余公里的图拉市，去雅思维亚·波浪纳的托尔斯泰庄园，探寻这位世界文坛巨匠的足迹，感受这位俄罗斯文学史上空前绝后艺术大师的气息。

　　沿途茂密的森林郁郁葱葱，千里草原苍翠欲滴，百花盛开姹紫嫣红，万里碧空白云飘逸，溪流潺潺美妙动听。然而我却无心欣赏，脑海中反复翻滚着《战争与和平》中千余个栩栩如生的人物形象，波澜壮阔的战争画面，宏大复杂的社会生活……还没等我回过神来，车已行至图拉市。

　　进得庄园，我等自然放轻了脚步，生怕惊动了它的主人。只见这占地三百多公顷的庄园显得好大好大，仅苹果园就有三十公顷。内有森林、河流、湖泊、草地、木桥、池塘，一排排硕大的丁香树，开着紫色、白色的花，随风送来一阵阵清香沁人心脾，幢幢阁楼倒是讲究但并不奢华。当我走进大师的书房，被眼前的景象震惊了，两万余册藏书啊！还有几本俄文版的孔子、老子等中国先哲的作品摆在书架上，我坐在室内沙发上思索着，大师降生在这座彼得大帝时期就有的贵族庄园，却有着年幼失去父母的凄苦，优越的物质条件没有成为颓废的理由，却为他从读书中汲取营养提供了有力保障；他从军磨砺，在斯拉夫民族抗击土耳其入侵的征战中屡屡立功；他以伯爵的身份在附近为农民办了二十多所学校，试图化解地主阶级与农民的矛盾；他以自己笔下的作品，屡屡摇晃着尼古拉二世的皇位，摧毁着皇制的根基，为大革命爆发提供了思想、精神的储备……我似乎从这间书房里，看见大师攀登上世界文坛宝座的云梯。

出了书房，行进在庄园的树林里，突然发现近旁竖着一块牌子，上面用俄文写着两个字"肃静"，顿时驻足观望。只见平坦坦的草地上凸起一块两米多长三四十厘米高六七十厘米宽的长方体，上面长满了与周围草地无异的翠绿的青草，这就是托尔斯泰的墓冢。没有墓碑，也没有墓志铭，甚至连姓名也没有。我无语，继而在墓冢上献上了一朵鲜花，恭敬地、静静地伫立着。在国内我见过大秦始皇之墓，那真是气势恢宏，但看过之后，总因远古那几十万劳工为此辛劳付出，而多少产生些许凄婉；我也见过女皇武则天之墓，那墓前的无字碑虽能映照出武皇当年的聪慧与境界，但那高高矗立的毕竟是皇碑啊！谁敢与之比肩？在国外，我见过巴黎荣军院正门圣路易教堂的拿破仑墓，那可谓金碧辉煌、精美绝伦，仅棺椁就用各种名贵材料做了七层，但也没能挡住世人对他的又褒又贬啊！倒是眼前这个墓，对我产生了强烈的视觉冲击和精神上的震撼！托尔斯泰以自己血肉之躯化作泥土，滋润着小草，眼前的小草在我的脑海中已经幻化成如同墓旁的那棵参天大树了。

离开庄园，我的脑海中不断浮现着托尔斯泰大师攀登世界文坛宝座之路，那条路，又渐渐地幻化为一架云梯，那云梯又慢慢地散去了形状，烙印在脑海中却是六个醒目大字：阅读、精神、磨砺。

上图：作者2001年在俄罗斯留学期间参观托尔斯泰故居时留影

下图：托尔斯泰之墓/作者摄影

归·途·拾·光

院长请客我掏钱

有一天，我们一行去俄军一个训练基地观摩，由于路程较远，我们都自带了午餐。中途，随行的俄军上校在车上叽里呱啦打了一通手机，便通过翻译给我们说："好消息，佐罗托夫院长请大家午餐。"听后真是喜出望外，大家在车上还互相提醒，院长请吃饭一定要把握好酒量，不能在外军面前出洋相！临午餐时，把我们带进军官食堂。一进去发现一字摆开十几盆菜，原来俄军请客还是自助餐呀！反正院长请客嘛，大家都拣好菜打。打好饭菜后，一位女服务员示意到她那儿去。干吗？结账。不是院长请客吗？是的！但钱要自己付。啊……由于吃的菜好，卢布没少掏。吃完那顿饭，内心的滋味比那顿饭菜的滋味可丰富多了……

 ※ 本文刊于《西北军事文学》2015年第6期、《老战士》2015年第5期

上图：作者与俄罗斯武装力量合成学院院长佐罗托夫上将合影
下图：参加俄罗斯反法西斯战争的功勋与作者在莫斯科公园合影

归·途·拾·光

荣誉

/

崇尚荣誉是军人的特质。古今中外，概莫能外。否则，你很难解释军人在平时甘愿承受苦累、战时能够英勇拼杀的壮烈。为了钱？一条军人命多少钱方能值得以死相换；为了官？官至何级在战场上可刀枪不入而免死?！军人的血性、拼杀、壮烈皆为争当英雄、崇尚荣誉而为之。君不见，国外每逢独立日、胜利日等盛大庆典活动中，多少军人挂上勋章，左襟挂满了甚至挂右襟上，是何等的壮观荣耀，本人自豪，人民敬慕！不知何因，我军对崇尚荣誉没有蔚然成风。逢建军节、国庆节等重大庆典活动上，偶见几人佩军功章也多是基层军官，还没见过哪个高级军官佩戴军功章的。即便有人戴了，恐怕也会招来异样目光的回报。

军中如此谦谦公子，若在硝烟弥漫的战场上，面对凶残的敌人，又会摆出一副什么样的姿态?！我是军人！我不是英雄，我佩服英雄！我没有荣誉，我崇尚荣誉！

※　本文刊于《西北军事文学》2015年第6期、《老战士》2015年第5期

找一个安放灵魂的地方

/

　　散文集《人生记忆》终于出版发行了。这本书，与在座的每一个人都息息相关。如果说它是一棵青葱绿芹，您曾经给它浇过水施过肥，遮过骄阳挡过风雨，但我怎么看它都是一条鲜活的生命体。您也曾经赋予过这个生命体所必需的蛋白质、氨基酸、核糖核酸、维生素、矿物质等。这是我请各位出席这个活动最重要的理由！这与您职务高低、富贵贫穷没有丝毫的关系。

　　我退休后，像一只掉了翅膀的鸟儿，跌跌撞撞地钻到文学这片林子里来了。我在这片林子里走着、看着、想着、写着，完全是为了给自己找一个安放灵魂的地方。《海外文摘》《散文选刊》发现了我，并热情地给我插上了一双翅膀。尽管贾平凹、陈忠实、肖云儒等文学大家给我梳理过翅膀上的羽毛，但我是一只笨鸟，到底能不能飞起来，能飞多高能飞多远？现在还很难说。其实，这些都不重要！重要的是我在写作中有种精神上的释然与快乐。

　　我常常想起美国那位家喻户晓的传奇画家摩西奶奶（1860—

1961），她不同于一般励志故事中早慧并扬名的艺术家，摩西奶奶直到七十八岁才开始她的绘画生涯。她的画质中带有天真，满溢着对格林威治乡村生活的回忆，成为美国风靡一时的"农民画"。"农民画"风格的创造陪伴她度过了人生最后的二十年。摩西奶奶的精神，增添了我写作的勇气！

我在最初创作的一个时段里，曾厚着脸皮壮着胆子把初创的数十篇作品呈送给贾平凹、陈忠实等文学大师；呈送给王克、刘精松、刘冬冬、裴怀亮、李乾元等共和国上将；呈送给刘大为、杨晓阳、陈永锵、吴三大等书画大师们垂阅。他们欣然为我的作品作序、评点、书录并创作插画，他们以这种方式认可与鼓励我，使我深深地感受到文学的神圣，增强了我写作的信心。

我曾经把几十篇散文作品发到微信朋友圈里供微友们品评，不承想引起了较大的共鸣。据了解，原兰州军区大多数师团职军官都曾看到过我的散文，他们点赞评点转发并以各种方式给我鼓励、给我支持。甚至有多位失联了几十年的老战友，见文思人几经周折又与我取得了联系，有的竟千里迢迢来古城西安相聚。这种共鸣与支持，是有温度的，这种温度增加了我写作的动力。

我2月17日在北京有幸聆听了王蒙、梁晓声、王宗仁、刘庆邦、巴根、温亚军等老师对拙作《人生记忆》热情中肯的评点，感触很深。我顿悟到：他们哪里是在单纯地评点一部书呀！他们分明是在倾心推动中国文学事业的创新与发展，分明是在倾心浇灌扶持文学之林中的一棵棵幼苗，分明是在倾心滋润我们每一个人心中那朵文学之花啊！我想，是因为神圣的文学，我们才会济济一堂，是因为文学的神圣，才消泯了我们这些普通作者与文学大师之间的距离。

我还想，我写作是在享受快乐，出书却是在制造遗憾。尽管几位文学大家对这本书给予了很高的褒扬与肯定，我心里很清楚，这是在鼓励我。从我把这本书拿到手中那天开始，我自己对书中百分之九十五的文章就很不满意了。尽管如此，我还是从内心希望，不论是谁，凡是读过《人生记忆》的人，如若记住了文中某一句话，或与某一个情节产生了共鸣，对某一种情愫有所认同，即便您能提出中肯的希望与尖锐的批评，我都会感到很欣慰并由衷地谢谢您。

※　本文刊于《延河》2017年第1期，获陕西省作家协会暨《延河》杂志颁发的"2017年《延河》杂志最受读者欢迎奖"

众人评说

/

修辞立其诚

　　我热烈祝贺尹武平将军散文集《人生记忆》研讨会隆重召开。《人生记忆》出版前后得到了各方的肯定。我得到这本书以后，认真地读了几篇。我是昨天刚刚从深圳回来，我看的那几篇，我都很喜欢，很接受，很认同。我一开始觉得他是部队的同志。现在有一部分散文有一股子酸溜溜的味道，本来几句很普通的话，说得非要绕个圈，让你看着费点劲。我就想着部队同志出散文集可别那样。我看了看，他和我们心目中的很多散文家都不一样，他写得特别的诚恳，特别的真实，特别的坦率，合情合理。从人生当中来，而且干干净净，什么话都说得非常明白、清晰，令人信服。这个是看着最简单不过的，也是非常不容易的。

　　中国有个古老的说法，这个古老的说法，开始的时候，我小时候看，我就不明白，他说"修辞立其诚"。修辞是花哨的说啊，立其诚就别修辞了，你是什么话说什么话就完了。但是尹武平的《人生记忆》让你体会到了什么叫"修辞立其诚"。比如他写关于他的孙子那篇《呼唤童真》，哎哟，我一看一开头都有点不高兴了哪！怎么这么照顾那么照顾，那是什么呀！这还了得？这叫幸福吗？等到我上了这个钩以后呢，他在文中说了，终于发现了他认为这样做，孙子不幸福！作者的思想也非常开放，而且讲到外国的，讲到俄罗斯，说人家那儿的儿童是怎么个生活、教育、学习的，这个太重要了！他说的是中国的多少多少儿童想说没法说的话啊，也是多少多少家长被逼进了这个套儿后想说的话。

我还非常喜欢看他写的当连长的那篇文章叫《触摸理想》，哎呀！我心想这个连长真行啊，你想想，几个连在那儿并排儿摆着，他这个连队食堂里头，传出来的气味啊，老是那么最香，饭菜最好吃，这个连队战士的思想、精神、作风、干劲肯定与其他连队就不一样的。部队里吃饭是非常正宗的一件事，是大事，吃饭时都要排着队，唱着歌，我不知道现在是不是这样子？（尹武平回答：还是那样！）很认真的啊，而且你看毛主席那个时候讲部队民主，讲部队建设，都把大伙的伙食当成一件重大的事情来讲的。武平他的话很有军人气，有大兵味，因为他就是当兵的出身啊！但是他又很多情，多情就是对同志的感情，对士兵的感情，对部队的感情，当然你得做好这个工作啊。如果你做得不好，谁也帮不上你。然后他写的这些东西，也非常敏锐，文学工作的这种敏锐性，那个细胞，那个感觉啊，我觉得也是很充分的。但是你光有敏锐的那一面，没有实实在在地接地气贴近人民、贴近生活、贴近实际的那一面恐怕也不行，所以你看他写的东西还真是挺有意思的，而且你觉得很实在，说句不好听的话，如果靠词句写散文，我那词多着呢，你要想说靠词蒙住我，让我看上一个钟头，我是绝对看不下去的！他靠的是对人生真实的这种理解，是对人

220

生的入情入理的这种体验，是对人生的这个实实在在的表达，所以我祝贺咱们尹武平的这部书的出版，而且愿意今后有机会再拜读你的新作。

中华人民共和国原文化部部长、茅盾文学奖得主、著名作家。此文系王蒙2016年12月17日在尹武平散文集《人生记忆》研讨会上的讲话。

※ 本文刊于《延河》2017年第1期、《美文》2017年第3期、《海外文摘》2017年第4期

给尹武平将军信

稿子我读了，我觉得篇篇充满真情。真情是散文的灵魂，在这一点上，你做得好。

再是文笔干净朴素，也准确得当。也有很好的细节。细节是小说散文生动的体现。如岳母用一个奶水养岳父病，一个奶水喂女儿，令我过目不忘。

如提意见，要每篇尽量写曲一些，文贵曲嘛。

看完有正能量啊！

祝贺！

2015.10.18

中国当代著名作家、茅盾文学奖得主、中国作家协会副主席

※ 本文刊于《延河》2017年第1期

给尹戈平招年信

稿子我读了，我觉得篇篇充满真情。真情是散文的灵魂，在这一点上，你做得好。再是文笔干净朴素，也准确得当。也有很好的细节。细节是小说散文生动的体现。如岳母用一个奶水养岳父病，一个奶水喂女儿，令我过目不忘。如提意见，要每篇尽量写曲一些，文贵曲嘛。另凡有正修改啊！

祝贺！

贾平凹
2015. 10. 18

中国作家协会副主席陈忠实点评

　　中秋赏月的闲情逸致，是中国人独有的诗性情怀。尹武平将军少年时的半块月饼的记忆，缺失了诗意而漫溢着刻骨般的辛酸。然而，正是那半块月饼的酸楚感受，大约成为他立身做人成就辉煌的础石之一砖。年过花甲再回嚼那半块月饼的韵味，已是一种达观的境界。

2014.11.29

中国作家协会原副主席、茅盾文学奖得主、著名作家中秋赏月的闲情逸致，是中国人独有的诗性情怀。罗武平将军少年时的半块月饼的记忆，缺失了诗意，却漫溢着刻骨般的辛酸。然而，正是那半块月饼的酸楚感受，大约成为他立身做人成就人生辉煌的础石之一砖。年过花甲再回嚼那半块月饼的韵味，已是一种达观的境界。

陈志宏
2014.11.25
三石庄

如石亦如诗

　　王蒙同志说完之后，我就觉得没话可说了，因为基本上是相同的读后感。午睡前，我看了《向生命致敬》和《雪儿》，正如王蒙同志刚才说的，所有的印象都与"修辞立其诚"有关。我们往往都要考虑怎么样将修辞技巧与表意真诚之间的关系处理好；有时如果处理不好就会变成"为赋新词强说愁"，那样的话，表意的真诚就打了折扣。

　　武平将军这样有四十余年军旅生涯的军人，其散文作品于是有硬度、有刚性、有诗性，文字风格如岩如石。他曾在青藏高原那么艰苦的环境中生活多年，他对生命有自己独到的理解，他的人生感悟必然与我们一般人不同；相同反而奇怪了——那是典型的军人之人生境界。比如开篇讲到关于生命的道理，一般文人，像我和庆邦这样的作家，如果笔下写出那样的道理的时候，别人并不一定信服，也许还会觉得是在作秀，把道理摆得太高。但是对于有四十多年的军旅生涯的人来说，从士兵开始做起，做到班长，做到排长，一直做到连、营、团长……而且在那样艰苦的地方，一待就是很多年，当这样的人说出同样的道理的时候，他跟我们说是不一样的，可信度是加大了的。我想，这正是为什么有几位共和国的上将推荐这本书的原因。我一开始拿到书的时候不禁在想，出一本书有必要这样吗？这是第一反应。但是当我读罢

《人生记忆》后，我就明白了一个道理，军队对精神豪迈高昂的文化尤其尊重，对体现奉献精神的文化尤其重视，对于为军人之人生境界而歌的人，上从首长下到士兵，肯定都是非常尊重的。

王蒙同志刚才也谈到，书中写到自己当连长的那段，以及自己那些班长、连长，包括司令员，都是情真意切的。这也是广义的友情，值得散文承载。我们通过散文这种文体，对于一切，对我们的人生，在特殊时期有过帮助爱护的人表达感恩，这也是散文的价值。要通过散文把它记下来，要挖掘那种友情的意义。在这点上，武平将军也做到了。

我相信，《人生记忆》这部散文集，首先会成为许多官兵的案头书，枕畔书；而且，会获得许多非军人读者的理解、尊敬和喜欢。

梁晓声

全国政协委员、北京大学资深教授、著名作家

※　本文刊于《延河》2017年第1期、《美文》2017年第3期、《海外文摘》2017年第4期

归·途·拾·光

读尹文记

读尹武平同志的文字，头几篇就把我打动了。说实话，我没想到他能写这么好！一位从班排连营团师军一级不漏干出来的武人，竟然写出如此真切动人的散文，说明武行给了他真面目，真性情。

这就是历练。我曾说过，历练往往比学历更厉害，历练本身就是一种文化。但是历练是一层层夯实的基础，要想让思想飞翔起来，历练不够，必须读书。

到了《论败战》，我看到他飞起来了。思想的锋芒才是飞翔的翅膀。宝剑无锋芒是钝剑，思想无锋芒是庸人。一个贫苦家庭出来的青年一步步成为将军，在今天并不少见，少见的是他没有以磨平自己的锋芒来换取所谓的成功。

为此，深表敬意。

周涛

2015 年 11 月 10 日于乌鲁木齐

首届鲁迅文学奖得主、著名诗人、散文家，新疆维吾尔自治区文联名誉主席、新疆维吾尔自治区作家协会名誉主席

尹武平散文蕴含的精神财富

——读《人生记忆》的随笔

我和尹武平将军只有一面之缘，但是读了他的散文集《人生记忆》之后，我却感觉到我们早就是相识相交相知的战友。原因有三。一是我们都有曾经在青藏高原军营打磨过的难忘岁月。二是至今我们的身上依然保留着外乡人不愿接受的故乡关中大地上的泥土气息。三是共同的散文创作为我们搭起了一座沟通心语的友谊之桥。

作为一个终生军人，我对军旅生活和反映军营生活的作品，有一种与生俱来的特殊亲切感情。那些虽然远去却不肯消失的金戈铁马生活，一旦被再次重现眼前总会唤醒我燃烧的激情。尹武平创作的军旅题材散文透射出来的果敢、阳刚气以及柔情之美，满足了我的渴求。我在2003年写过一篇《我对军旅散文的几点思考》里，谈到军旅散文的基调"应该是气势磅礴的黄钟大吕，应该是沉阔博大的高天流云"。换句话说，军旅散文必须要有激情燃烧的军事"现场"，你的笔一定要把读者关心的目光引到火热的军营里去。即使写军人的日常生活也不例外。这就要求作者不仅需要具有广博开阔的文学视野，更要具备具象、细腻而写实的能力。

尹武平的散文，总是将创作的根深深扎在基层，在军营的常规训练和日常生活中发现美、开拓美、提升美。他善于捕捉细节，小中见大，这样既能使他的文学有恒久屹立的军魂，又带着人情温暖。我反复读了反映军事训练的散文《硝烟》，金戈与柔情融合，他深情万种地展示了军人的情怀担当。"团结战斗模范连"这个英雄集体，在走出硝烟战火之后，依然蓬勃着势不可挡的练兵打仗、强军报国的激情动力。官兵们那种"流血流汗不流泪，掉皮掉肉不掉队"的硬骨头担当，蕴藏着战之能胜的巨大战斗力。随笔《研究"败战"亦有益》张扬的"今天演习场上的赢家，不一定是明天战场上的胜者；今天演习场上的败者，则可能是明天战场上的赢家。一流军队的训练，总是把作战对象设计得很强大，常常都是以自己的失败而告终。通过训练'求败'，换取战场上'求胜'，是智者的选择"这个哲理思想，不仅适用于作战，而且对无论从事何种行业的人们，都具有普遍的启发和导向教益。

生活为创作的源泉，这是最明白不过的道理。所以我始终有一个不变的认知，即丰富的人生经历是作家能否创作出好作品的最重要的条件。我曾经以《年轻时多上一些山多过一些河》为题，畅谈过文学人生。独特的经历必然会造就一个人的独特人生。拿到《人生记忆》这本书之后，让我进入阅读的兴趣点之一，就是印在图书扉页的作者简介。从士兵起步，经历了部队的各级职务：副班长、班长、排长、作训参谋、连长、营长、团参谋长、团长，特种兵大队大队长，红军师副师长、师长，青海省军区参谋长和副司令员，陕西省军区副司令员。一步一个台阶，一个台阶也没空。一个出生于黄土高原农民家庭的普通娃娃，能成长为共和国的将军，容易吗？可以想象得到，他经历的痛苦磨炼、奋力苦斗，失败时的泪水、成功中的喜悦有多少！恐怕只有他自己知道！尤其值得庆喜的是，他从高级军事指挥员岗位上退下来后，没有像有的人那样安享晚年，而是在人生事业的一个终点上，开辟了另一个事业的起点。从昔日亲历和体验的沙场，成功地迈进了想和思的文场。骤然转身，以文修身，且文笔不俗，着实让我对这位尚武崇文、文武兼备、以武养文、以武润文的散文作家肃然起敬！

可以预知，他丰厚的经历，丰厚的人生，使我们完全有理由期待，他曾经在靶台上射出的每一粒子弹，在训练场上下达的每一声口令，在行军路上扶起的每一棵小草，都饱含生命的情感，时机一旦成熟就会破壳而出，变成一篇篇有生命的美文！

散文要写得让人耐看，爱看，就要知人论事，不仅要写好故事本身，还要写出人和事背后的生活和人生情趣。赏读尹武平将军的军旅题材散文，我们不难发现，他诸多的篇章都是关注处于日常状态的军营生活，并从中体悟出人生的意义、奉献的意义、苦难的意义以及人物内心深处的种种情愫。作者用鲜活的故事、深情的告白、浓烈的情感告诉我们，军人首先姓军，但军人也是人。军人不是一个硬壳的符号和标签，他是有血有肉有情感归属的。他的使命担当、他的赤子情怀、他的喜怒哀乐、他的所思所求，都被尹武平在他的多篇散文中一览无余地展示出来。这无疑为我们了解和理解当代军人的内心世界提供了一个视角和窗口。因此，我要说这部《人生记忆》已经超出了自我人生的意义、日常人情的表达，进而走向了人性，并表现出一定的思考深度。难能可贵。

在万余字的长篇散文《触摸理想》里，一开篇作者袒露了他的心迹，让我们看出了一个有抱负的年轻军人内心丰富的层次："我从入伍那天起，能提干当军官是我的理想，哪怕是让我扫厕所、掏大粪也行。当兵第六年，当我成为一名军官，站在排长位置上时，我的理想又变了。当连长成为我新的理想，甚至是内心深处最高的理想。"他丝毫没有掩饰自己当官求荣的思想，脚下一条路，心中一盏灯。他正是怀揣着这盏灯，创造了人生的奇迹，从一个列兵奋斗成为共和国的一位将军。这篇散文呈现出复杂、紧张、多变的军营生活，作者用温暖热情的文字，讲述了伟大的信仰如何把一个幼稚年轻的新兵，冶炼、锻造为成熟的我军高级军事指挥官。在这个过程中，他和不同生命人物之间的交流、碰撞是至关重要的，是其他任何事情都不可取代的。当然，我必须要说的是，要把一块矿石敲成精致的项链，首先这块矿石必须是好矿。尹武平就是这样一块朴素、广阔、有力量的矿石。人生在追求中辉煌。

这部散文集起名《人生记忆》，我推测作者会有这样一种含意：警示自己不要忘恩，提醒大家不要忘本，告诫人们不要忘责。这是一种渴望自己，也是呼唤人们对于我们这个民族的担当精神。作者个人大半生的风雨路程，此刻愈加清晰地成为一种难能可贵的精神财富！

王宗仁

中国散文学会名誉会长、鲁迅文学奖得主、著名散文家

※ 本文刊于《延河》2017年第1期、《海外文摘》2017年第4期

饱含真情写人生

还是先祝贺，一共是三个祝贺，首先祝贺尹武平将军获得了这次散文年会的精锐奖，是获奖的第一名；那么第二个祝贺呢，祝贺其散文集的出版，书做得很漂亮；第三个祝贺就是祝贺今天这个研讨会的召开。

刚才听了王蒙老师、晓声兄，还有王宗仁老师的发言，他们的发言都很好，我觉得把他们的发言整理出来就是很好的文章，如果说这个研讨会的收获，我已经收获了三篇非常好的评论，随后还会有评论，有了他们的发言以后，我觉得我再讲，可能有一些重复了，他们的观点，像王老师讲的，晓声讲的我都很赞成，我要说的也是这个意思，但总还是要说几句。

在没看到这本书之前，咱们两位主编，就把作品的电子版发给我了，随后，很快收到了这本散文集，看了好几篇，总的印象，我用这几句话来概括：第一句话就是发自真情；第二个就叫出自诚心；第三个叫细节饱满；第四个叫语言朴实。我们都知道写散文，对情的要求是一个根本性的东西，写散文是因为我们有感情要表达，有感情要抒发，然后我们才把它写成散文。我读武平先生的散文，觉得都是发自一种真情。首先是感动了自己，然后写成作品，感动读者，可以说每一篇作品都是有着非常真实的非常饱满的感情，这是第一点感受。

第二点就是出自一个作者的诚心，王蒙老师讲到了，一个作家不管是写什么文章写什么作品，"诚"是非常重要的，它要求我们一定要诚挚真诚，一定要掏心窝子，不能摆谱，不能端着，得让人看到你的一颗诚心，这是第二点感受。

第三点感受，就是细节非常饱满，为什么有这个感受呢？我也看过一些散文，有些人写的散文，是概念比较多，说概念，用概念来概括。武平将军他不是，他是用细节来说话。细节来说话，一看就让你记住，比如他写《向生命致敬》里面的一个细节，说他曾经差点丧命，特别是第一次，我印象特别深，说到刚生下，就得了百日咳，然后一下子就快没命了，家里判断说，这孩子不能活了，就准备把他扔掉。后来准备要扔的时候，他身上穿着一件衣服，而这个衣服可以脱下来给下一个小孩穿，就又抱回家去了，终于捡回来一条命，这种细节真是让人过目难忘。它后面有多么悲怆，一下想起我们那个时代，那种极贫的困境，这样的细节是非常有力量的，这是第三点感受。

第四点感受就是，很欣赏武平先生的语言，语言是非常朴实的，没有什么端着的架子，没有大话空话套话，都是非常朴实的语言，散文它就是要非常朴实的语言，之所以强调散文语言的朴实性，因为语言很重要，就这么四点感受。

我还有一个想法就是，一个退休的将军，开始写散文，这是一个非常好的选择，为什么这么说呢？我们的世界，是由两个世界组成的，一个物质世界，一个精神世界，很多人在建设物质世界，少部分人在建设精神世界，我认为我们的作家散文家的写作过程就是建造精神世界的过程，还有我们过的是两种生活，一个叫外在生活一个叫内在生活，它跟物质世界精神世界是相对应的，比如说我们过的物质世界是一种比较外在的生活；我们精神世界，也就是精神生活是一种内在的生活。很多人他们在任的时候，因为整天忙于工作，没有多少时间过内在的生活，精神生活就很少，退休了，有些人也不习惯，不善于过这种内心的生活。武平先生退休后选择了写作，选择了写作我就认为他选择了建设精神世界，同时选择了内在生活，或者叫内心的生活，这个是很重要的，这个选择非常重要。也许有些人退休了以后，一下就无所事事，一下找不到人生的方向了，有了写作这个路径，你就选择了通向你内心生活的一个重要途径。如果你不选择写作，那么你的内心生活很可能是平庸的，很可能是不丰富的，或者说你不能建设一个新的内心世界。你选择了写作，它有一个强制性，就是强制你来过内心生活，因为好多回忆就有强制性。比如写一个东西，你有了一个线索，然后可以调动你的回忆，调动你的内心；如果你没有这个线索，可以说这些回忆就是一个沉睡的状态，沉睡的状态就是一个无效的状态，很可能随着我们退出人生舞台，你的宝贵的记忆，还有很多丰富的材料都消失了，都浪费了。你选择了写作，就等于你强制自己通过写作来回忆来建设自己的内心世界，我觉得这个选择是非常好的。特别是作为一个将军，过去那么忙碌，现在静下来了，给自己找这个事干，还干得非常好，现在已经获得了值得祝贺的成果，这是值得庆贺的。

咱这是一个研讨会，研讨会这种形式应该是一个圆桌会，因为圆桌会是面对面这种形式，武平先生可以坐到台上来，不应该坐在下面，因为武平先生他才是今天的主角。我就这么一个想法。说到研讨会，我就给武平先生提一个建议，我觉得你今后的散文还可以写得更好一些，也会写得更好一些，那么如何写得更好一些呢，在构思上可以更讲究一些。我和平凹先生交往比较多，平凹的散文写得非常的精彩，他还给你一个建议，我不知道你留心了没有，他认可你的散文，但是你的散文还可以写得再曲一些，曲的意思，依我的看法，在构思上，就是更讲究一些，也就是更艺术一些。另外一个建议，就是你的散文还要升华到一种哲思和哲理的层面，好的散文家不但有丰富的生活，饱满的情感，还应该有比较深邃的思想，这个思想是你的发现，别人没有过的你的发现，上升到一个哲理的层面，这个哲理不用在散文里说出来，但是通过你的散文，通过细节，让人悟到里面包含这样一些情感，这样，散文才能更上一层楼，我祝愿武平先生。

刘庆邦

鲁迅文学奖得主、老舍文学奖得主、著名作家、北京市作家协会副主席

※　本文刊于《延河》2017年第1期

在大语境中捕捉内心的闪电

　　我很高兴来到老朋友尹武平将军这个别开生面的散文作品汇报会上。这个汇报会也很别致，让我见到这么多共和国将军，还有跨界的各方面的人士。这对我是个非常大的触动。文学到底跟人生、社会、时代是一个什么样的关系，这种场面让人有一种怦然心动的感触。这也是对文学定义的一个尝试。

　　我说这么几点意思。这是一个将军的散文，我觉得军人在战争中，在国家民族命运的担当层面中，是用武器与世界对话的。在和平环境中，当他回归到了寻常普通人状态时，他要有一种自我情怀，逼近自己。从这个角度来说，《人生记忆》这本书写的是寻常的东西，写的是亲情，写的是内在的细小的日常的东西。他的每一篇从细小处着眼、细小处沉醉、细小处入迷的那种文字里头，我们依然能看到那种武人舞墨、戎马军旅的语境。

　　他是在那种大的语境中捕捉他内心的闪电。捕捉闪电起码在文学上是危险的，为什么呢？因为从表达上容易成为那种大而化之，叙事空泛。捕捉内心的这种温度，是有难度的，作者要有自我的情怀，自我的境界，要修炼到相当高的程度以后，对世界进行另外一种方式的对接、融合才能做到。但是我觉得他的散文，恰好把捕捉内心的闪电和温度这样有文学难度、有内心难度的事情做得非常好！把闪电那种大的东西，或者说把闪电的碎片，散落在草丛里、情景里。

类似于他把那种大的感悟完全回归到日常的东西，把自我变成一种无畏奋斗的情怀。他散文的风格像他一首诗写的那样："策马破营成浮云，卸甲舞文又一春。"他文风上做到了简洁、明快、干净、利落，具有很强的穿透力！我们作家在写作时时常有一种困惑。尹将军的写作，对文学内部面对当下文学的方向有一种启发。尹将军把散文文体的自由感发挥到了非常有个人特色的一个状态。因为尹将军是军人出身，他的家国情怀精神层面更多的是在军人那个架构里，他要回归到我们当下生活的状态里面，去完成一种基于内心的表达的时候，他有一种职业化，非文学范畴内的内容。从文学表达的真实性上来说，他是侧重于性情表达。文学方式的那种真实性，最重要的是他情怀坦诚，那种难于言表的真实的情怀他通过文本表现出来。回归个人，在某种程度上，他既不遵从当代的散文体制，也不遵从古代的散文体制，把散文文体的这个历史命运轨迹完全淡化，用另一种方式把现场生活当中那种不确定性表达出来，趋同于生活，又不同于生活。在他的散文里体现出了这种情感和意志的指向。这对当代文学疲倦、慵懒之风，是个很强烈的冲击和极大的警醒，从这一点上说它是高于文学的。

和平久了对军人来说是个负担。安久生尘，尘土堆积，油腻堆积，文学也是一样。有些在我们眼前，在我们心口的东西，我们反而把它忽略了。尹将军用亲情的尖锐，军人的坦率、憨直，直接逼近那个东西，这是对文学的一种清醒与荡涤。

通过尹将军的散文写作，我想到了散文精神这个问题。肖老师早在共和国初期，就讲了散文要"形散神不散"。这个伟大的理论影响了中国散文界写作的一个时期。写文章肯定要站在高于现

238

实，高于当代的层面，看待世界，看待人生。尹将军是非常透彻的一个人。他喜欢用正面说话，但他每一句正面的表达都有其对反面世界的那种观照与揭示。一位好的散文作家，好的写作者应该是，也起码是：我把这个世界看透了，但我依然要给世界留有余地，我也要给自己留下去处。这就是尹将军散文回归到日常、回归到亲情、回归到那些貌似琐屑的个人生活状态里面去完成的并达到这样的目的。由此我想到唐宋八大家，他们的散文现在仍然是中国散文的顶峰。唐宋八大家的散文为什么是千古绝唱，文体是个幌子，他们的写作是为他们超越文学的情怀而服务的。在这个意义上，包括当代的散文，当下的散文有个刻意超越其自身属性的一个问题。它比小说、诗歌具有更大的自由，创作主体具有更大发挥的自由。我感到这是当下要明确的，历史上有感悟的，自己写作中将要坚守的一种精神。

尹武平将军的经历库存是很丰厚的。现在写作出来的只是触及了一些表层，相信他会创作出更多厚重的作品。

鲁迅文学奖得主、著名诗人、陕西省作家协会副主席
※　本文刊于《延河》2017年第1期

归·途·拾·光

回顾生命的来处

写文章，才情和笔力固然重要，但还得有阅历，世事经见得多，人心体察得深，生命便有宽度和厚度，落笔成文，笔墨间便见得出人俯仰于天地之间的精气和大器。这样的文章好读，也耐读，但却不是人人皆可为之。要有器识，有胸怀，有把人活到旷达处的超然与淡然。这是武平先生的文章给我的第一印象。

收在"散文杂谈"中的一组文章，以《向生命致敬》开篇："我的人生已走过一个甲子轮回，生命里充满了感激、感悟。想想这几十年起伏跌宕的岁月，我最想说的一句话是：向生命致敬！"向生命致敬，便是体会出人生的不易和精进的重要，内中的根本，是敬畏自己也敬畏他人的生命。若非六十年间三次死里逃生，把名利看轻看淡，不会有此一说，也不会有"听雨"的如是感悟。从少年时的"怨恨"，到"思想启蒙之初"的"热爱"，再到退休闲暇之际的"感谢"，个人心境的变化与人生各个阶段的主题相呼应，有宋人蒋捷《虞美人·听雨》的味道，但多了许多沉实的力量和劲道。看《秋月》能体会到"活得很充实"，"我感觉你的光芒不再是冷色，而是那样的清澈、舒适。

以至秋色也不再凋零，而是丰富多彩。甚至秋雨不再凄婉，而是悦耳惬意。甚至秋风也不再萧瑟……"是把人活透彻时真情的自然流出，看似简单平易，却是顶难达到的境界。有了这些认识做基础，再去读"孙儿趣事"诸篇，更能体会出作者的宽和厚，是有人间烟火气之上的淡然，根是扎在日常生活和生命深处的。

世人喜欢陶渊明诗文，取其冲淡逸远，殊不知渊明诗文，内里有"刑天舞干戚，猛志固常在"做底子。若一味好其冲淡，体察不出陶诗的"入世"一面，算不得解人。武平先生写作训处的锻造、淬火、打磨的独特经历，讲临战更换参谋的深层原因，记述军中"魔鬼式"训练的要义，深究直面"败战"的价值，且以俄罗斯及俄罗斯军人做参照反思民族、国家、军队的问题，叙述虽说从容，但用情用心至深，是一位职业军人的良心和良知。"为强我民族，壮我军威。""确立中华民族在世界各民族心中的崇高地位。"这样的话，在有些文章中会显得空泛，但在武平先生笔下却是真切实在的，他的军衔是将军，他的内心更是将军。武平先生文章是硬气硬朗的，但还有侠骨柔情的一面，并不仅可以铜琵琶、铁棹板，唱"大江东去"，亦可执红牙板，歌"杨柳岸晓风残月"。"聊发诗兴"一辑，即是一例。其他如论交友、做事、点拨、做人、软硬等等，更是实干家人生经验的凝结，不务虚、不花哨，用心也不在字句间，含义落地生根，直往心底扎呢。

沈从文每遇人生的重要节点，都要做自传性质的文字来追索自己的来处，拿更为阔大的世界做映衬，抉择自己将来的走向。三十岁写就的《从文自传》，四十余岁所作的《一个人的自白》《关于西南漆器及其他》，都有这样的意义。武平先生的文章从回顾童年的经历始，至退休后的天伦之乐，其间戎马倥偬，点兵昆仑山下，踏破贺兰山阙，辗转西北大地，遍尝人间艰辛，发而为文，或域外观察，或人生感悟，个人的生命借着大时代的交响有了灵魂的安放处。他的文章都不长，但每一个字都有含量和重量，其中人心和世态的饱满与丰饶，又是远高出文字本身的。

写此短文，向武平将军表达敬意！

鲁迅文学奖得主、鲁迅文学奖评委、冰心散文奖得主、《美文》杂志副主编、西安市作家协会副主席

以"真"铸雄文

尹武平先生的散文特点尤为突出，最大的特点可用"真"来概括。真的内容、真的思想、真的情感、真的话语，是他的作品带给我们质朴真实的感觉，仿若在书中体味他的生活一般。作者对于社会全视角的关注、对过去军营生活的书写及字字句句中体现出来的真情实感都让他的作品充满了一定的生命感受和浓郁的烟火气息。比如《触摸理想》里作者对自己军旅人生的叙述，看似简朴平实，却承载着作者本人波澜壮阔的五味人生以及军旅初期的奋斗历程。

散文的真也在性情的真，有作家言，散文就是读者与作家的心灵对话，散文就是作家有意无意间透露的心灵呓语。我们通过阅读，可以感受到文字背后真实的作家本人，这点正是散文对我们最大的诱惑。我们在欣赏钱锺书先生的文字时，不得不为他的博学和深思所折服，我们在阅读鲁迅的时候，也会同样感受他的孤愤。

我们来读尹武平先生的文章，比如《记得那年桃花开》中的那个夏天，作者在桃树之下的思索，对于生活无言的期许，那一份掩饰不了的内心狂热，静与动的比照，恰恰给我们留下如诗的空白，想象也因此而美丽。尹武平正是用真实的粗线条描绘出他的理想主义。我们也可以从这里看出他那灵魂深处的苍凉，以及苍凉背后的懂得，以及懂得过后的慈悲。于是尹武平便转过身来，他看到了心灵内部从记忆的"桃园"闪现出的另一重遥远的时空，看到了岁月深处"过去时"中的那些陈年旧事，看到了孩提时代到青年时期处于人生成长发育阶段的另一个自己，看到了曾经置身于其间、只需轻轻弹去落尘便可依旧清新如初的一幅幅生命场景，场景中的一起起事件，事件中一个个人物的音容笑貌、生逢遭际、命运缩影、爱恨悲欢……

散文是讲究真本色的，我们从《向生命致敬》的描写中可以看出作者的性情之真，他没有故作高深地描写故乡的美好，而是通过他的出生患病这番绘声绘色的描写，以真实自由的笔墨，来展示个性，抒发情感，袒露心灵和表现生命的体验。他用一小段就表现了自己对故乡的眷念，对理想追求的率性而为。还有《白蒸馍》等文章，可以说这些文字给我们画出了一个活生生的作者本人的人生轨迹。尤其是那种存在于硬朗、粗粝"叙述"中的真实感，真实感中独具沧桑气息的刀锋般的语感。读作品的过程，就是在一种身心的疼痛与快感中挣扎着和享受着的过程。

同时，尹武平散文文本中那些有着小说因素及小说意味的生活化场景，朴素体式中的现代主义结构场景中质感极强的事件及其细节，那些不时刀削竹刻、力透纸背所"白描"出的人物影像给予我们视角上、心理上强烈的认同感。

不难看出，尹武平先生的散文之所以能让我读下去，关键之处就在于他的真性情，真心，我阅读这些散文是没有隔阂的，有的只是文字背后真实的人生，他可以是高尚的阳春白雪，也可以是市民身边的下里巴人，这就是散文给我们最大的诱惑，也是散文的美丽之所在。

鲁迅文学奖得主、著名作家、《橄榄绿》杂志主编
※　本文刊于《延河》2017年第1期

一个军人笔下的铁血与柔情

　　我接触武平比较早，我给大家介绍一下我与尹武平将军第一次见面的情景，当时完全不认识。有一天，尹武平给我打电话，说他有一本书，希望我能够读一下。我同意后，他就来了。一进门，啪地给我敬了一个礼，因为我这个老头啊，从来没有享受过如此高的"礼遇"，吓了一跳，也很惭愧。他这个敬礼实际上敬得很好，让我无法拒绝他的要求。于是我就读了，结果一读就读进去了。

　　我读武平的《人生记忆》，我现在想主要有两个感受。一个感受，他是一名将军，但是他善于用审美的方式，重温、享用自己用实践的方式经历过的人生。他有两重人生，他在农村、部队上、大地上度过了自己的一生，退休后，又在审美的层面拿起笔来，重新复习自己的一生，享用自己的一生，因此他比别人多收获了一次生命。他不但这样走过了，而且再一次用美的角度重走这条人生之路。这是非常令我敬佩的。另外一种感受，我因为没有在部队里待过，我们从外面来看部队的将军们、战士们，常常是看到他们铁血精神的一面，不知道他们生命中还有另一种色彩。铁血的一面是太阳，日神精神，勇猛、前进、战斗、胜利，但是每一个人内心都还有月亮的一面，有小夜曲，有春风，有秋雨，有很柔软的一面，可能尹将军与在座的所有将军由于在军旅生涯中把自己生命中柔软的一面压抑了，所以他一旦拿起笔来，抒情的一面得到了抒发。这种抒发不是文学的使命，是生命的使命需要这种抒发，在这种抒发中感到自己人的个体生命的全面的实现。在这一点上，我要佩服尹武平先生，把自己多彩的生命书写好，把自己多彩的人生复读了。这都是非常好的。

在他的文章里面，给我印象最深的现在想起来有三个，都反映了铁血和柔情这两面。一个，他的铁血精神，勇于冲击、不屈不挠的精神，当他入党、提干中间遇到误解和困难的时候，他那种执着、勇于向前的精神便体现了出来。有一篇文章专门写到这些。他凭借着自己实际行动证实了自己，追求进步并入了党、提了干。还有一篇，《写给岳母》，他的岳母身世和一般人不一样，他的岳父有病在身，岳母两个乳房一个用来哺育孩子，一个用来哺育她的丈夫，就这样把这个家拉扯大。这是一个军人眼中的母亲，这个母亲和我们所有人心中的母亲都一样，但又不一样，他对我们母亲的爱体会得更深。还有一点就是他让我认识到了部队的历练。我们部队的能战能胜是不用说的，我们都知道。当时他的所在部队领导已经决定让尹武平同志参战的时候，王克军长知道了他的亲弟弟正在老山前线作战，就说："为国尽忠，家家有份，但一个家庭不宜弟兄俩同时参战，不然他们父母压力就太大了。"这样就把尹武平从参战名单上换了下来。这是我们伟大的军队中一种仁爱的精神。这些都让我很感动。现在正好一年过去了，但是这些细节我记得还是很清楚，表明尹武平将军的散文不是一般地单单记载自己说了哪些话，做了哪些事，它是有着非常丰富的生命内涵的。

我们这个时代，这支部队很久没有打仗了，我们这个民族的铁血精神需要发扬，不能总是奶油小生，女的是小女人、男的是奶油小生，成天是帅哥美女，一个民族光有这个是不行的！它需要有铁血精神。三年前，施瓦辛格来到西安，我和他还有张纪中一起做客一个节目。他们一个是演英雄的，一个是拍英雄的，我不是英雄，我们三个人坐在了一起做一件事情。当主持人问什么是英雄的时候，我们不约而同地说：铁血精神！一个人、一个民族都要有一股气，这种气可以用在工作上，但在祖国和民族需要的时候，要不惜以血荐轩辕的。所以我觉得尹武平作为一名将军，把自己内心用文字表达出来，其中贯穿的就是我们部队的铁血精神。作为一个普通老百姓，使我在精神上、文学上受益匪浅。在此，我作为一个受你们保护的老百姓，向在座的各位将军们，以及部队官兵们，表示我崇高的敬意和感谢。

肖云儒

著名文化学者、文艺评论家、冰心散文奖得主、陕西省文联副主席

※ 本文刊于《延河》2017年第1期、《海外文摘》2017年第4期

归·途·拾·光

文武双全尹武平

秦地自古出将军，陕西向来多文豪。尹武平将军是陕西人，他丰富的人生经历正是应验了这句话。

我读武平的新作《人生记忆》，备感亲切，甚为感动。六十年里几次死里逃生，看淡名利；参军后从一名普通士兵成长为共和国将军，这其中的经历非比寻常。

他说"写散文是为了感悟人生，抒情励志也是对自己人生进行一次梳理和交代"，"让更多的人从我的人生经验教训中受点启示，从中励志，少走弯路"，他做到了。无论是《白蒸馍》《向生命致敬》《雪儿》还是《乙未之痛》甚至《孙儿哄爷爷》，都能引发读者的共鸣，给读者有益的启示。

武平的散文以"真"感人，以"诚"待人，在叙述生活磨砺、沉思往事的同时触人心弦。他的文章如行云流水，毫无艰涩之味；字里行间传递着真挚的感情，毫无矫揉造作。西北汉子的粗犷被他笔下的文学竞相覆盖，取而代之的是他展现在读者面前的侠骨柔情。

古有纳兰性德"沉思往事立残阳"，想来令人备感凄凉，今有武平"沉思往事立斜阳",却正是好时候！人生如茶,《人生记忆》正是武平"人生茶水"的最精华！

　　"神威能奋武,儒雅更知文。"就是尹武平将军的真实写照。

中国散文学会原会长、著名作家

扎根军营　挥笔作枪

欣闻陕西作家尹武平荣获"2016年度中国散文年会"精锐奖，其散文集《人生记忆》研讨会同时召开，我谨向他表示真诚祝贺！

读了《人生记忆》这本散文集，我走进了这位军旅作家的精神世界、情感世界，深深地被尹武平同志长期扎根军营、保家卫国、敢打硬仗、挥笔作枪的精神感动。他的语言朴实，有着丰富的生活经验。情感真挚，从波澜不惊的叙述中流露出大感动、大情怀。我看过他写的《乙未之痛》。在《乙未之痛》一文中，他怀念已经去世的老首长刘冬冬，感念之情、感恩之心均发自肺腑，一唱三叹，感人至深。期待他写出更多厚重、深刻而富有感染力的佳作。

我为尹武平同志高兴！预祝他的散文研讨会成功！

中国散文学会会长

我和尹武平的"源"与"敬"

　　首先我在这里代表我个人同时也代表我们陕西省作协对尹武平将军《人生记忆》散文集的出版表示非常由衷的隆重的祝贺。今天走进这个会场的时候我就非常的激动，从来没有参加过像这种形式的一个汇报会，这在我人生当中是第一次。我们经常出席作家的一些作品的发布会，但是基本上都是研讨的形式，大家都是坐一圈，没有像今天这种圆桌形式的，这是第一次。再一个感动和惊奇是见到这么多共和国的将军，我向你们表达我由衷的敬意。在这里，我也想讲一下我跟尹将军的缘。

　　从个人来说我跟他是非常有缘分的。跟他没有认识的时候，读过他的散文，当时看过之后，印象很深刻，是在《读者》杂志，我当时以为他就是一位作家，也没有想到其他的。后来是我的一个同乡、在省委宣传部的常雅玲，她给我介绍了，说你认识尹武平吗？我说我知道，读过他的文章。她说那是咱们老乡，我说，呀，真的非常荣幸。而且又讲到他是将军，我这个时候就更加地油然生起了一种敬意，因为他的文章我读了以后，真的是感觉到一种真情实感，一种语言文笔的朴实无华，让我很敬重，所以从个人角度来说我跟他的这种缘分是以文学结缘的。我也非常荣幸和我们的将军散文家有这个缘分。

　　从作协的角度来说呢，我也要说一个缘，这个缘是长远的缘。

我们作协大家都知道，有好多的会员，现在省作协有三千七百多名会员。当时，我记得我和尹将军见面的时候，他也说，哎，我能不能申请加入到我们省作协呀。我就说，尹将军你不能这样说，我的原话是，我要邀请你加入我们省作协，我说你呢能加入我们省作协，是我们的荣幸和我们的自豪，感谢尹将军。所以，就是很荣幸地邀请他来加入我们省作协。同时，我把他的散文也推荐给了我们《延河》的主编阎安，阎主编看了后也觉得散文确实写得非常好，在《延河》上也给他刊发了。

作为我们省作协来说，我们以往主要是重视那些专业作家或者是我们的会员的一些工作，今年，或者说以后我们的工作要有拓展。这一次，我们刚刚和穆涛等几位都到北京参加中国作协第九次全国代表大会，亲耳聆听了习总书记在开幕式上的讲话。总书记在讲话当中对我们作协工作也提出了新的要求，说我们的中国作协和各级作协要加强联络，延伸工作手臂。这是总书记的原话。怎么样的一个延伸法，怎么样的一个拓展思路呢，就是我们要把整个社会的文学生活纳入我们的视野。所以，我想今后我们省作协的工作一定要走出去，要走出我们会员的圈子，不仅要重视我们的著名作家，而且要重视文学新人，不仅要重视专业作家，而且也要重视我们其他各个行业各个领域潜心创作的，而且卓有成效的作家，包括我们尹将军。所以，我们今后在文学的公共服务普及上要多做工作，包括我们还要动员作家成立各种文学志愿者服务队走出去，向社会进行文学的普及。我想，这方面的工作也是我们社会各界的需求。同时我们也知道我们的作家队伍不光指仅仅几位专业的作家，专业只是作家职业方面的取向，能证明其在创作方面的专业性。在创作方面总书记他有一句话说，人民需要艺术，艺术更需要人民。所以，只要老百姓认可，只要老百姓喜欢，那你就够一个作家的资格。所以我们也在这里说，尹将军当之无愧为我们的将军作家。

我想表达的第二层意思，就是敬意，这个敬意，第一个就是在这里谢谢我们在座的老将军，老首长，包括尹将军，向你们表达敬意！我想这也是我们每一个普通人心中，如肖老师说的，我们骨子里面对军人的这种敬仰，因为军人身上的这种无私奉献的精神，这种铁血精神，这种保家卫国的精神，值得我们尊敬，而且尹将军在事业上也做出了非常好的成就，刚才王将军也给了很高的评价。所以在这方面我想表达我和我们所有作协的成员对军人的敬意。

第二个敬意，我是想表达对将军转行跨界成为作家，这么一种转型的敬意。常雅玲给我说的时候，她说，哎呀，将军是成功跨界，用现在这个网络语言就叫成功跨界。我听王将军说这事不是偶然，是偶然之中有必然。我看了将军文章之后我跟贾主席的感受是相同的，因为文章里的这种真情，体现了将军品格方面的率真，这种豪情。他写的这种细节，如肖老师列举的好多细节，这是文学创作必备的，这个来自于将军对生活的热爱。没有对生活的热爱，没有这么细腻的观察，他也不会写出这么多的细节，所以也对他表达这种敬意。他作品当中传达的都是一种正能量，这也体现出他的人格和品格。我想起这么一句话，歌德说的，写出雄伟的风格，必须要有雄伟的人格。这是必然的，所以他的作品给我们传达这种正能量，这是我们社会所必需的，在这里也表达我的敬意。

第三个敬意就是祝愿，希望我们的尹将军在今后的创作当中也不要谦虚。刚才他说遗憾，我还是想引用我们总书记在作代会开幕式上的讲话，他说我们要用有筋骨，有道德，有温度的作品鼓舞人们在黑暗面前不气馁、在困难面前不低头，用理性之光、正义之光、善良之光照亮生活。尹将军的筋骨就体现在他的作品里面，是我们能感受到的一种精神。他的温度也就体现在他热爱生活等这些细节方面，包括对岳母的、对孙子的，等等，这些就是有温度的作品。总书记还说了一句话，光明永远比黑暗更值得歌颂。将军的作品给人一种正能量。我们也希望今后看到更多的来自于将军笔下给我们读者提供思想之源，或者说力量之源，精神之源，快乐之源的作品，再次祝贺！

陕西省作家协会党组副书记、专职副主席

岁月的留影

武平先生：

　　拜读您的《人生记忆》，深为感动。这本书是您的心灵之花的绽放，是岁月的留影，是您丰富人生经验的结晶与审美表达。很多文章直达人的生命体验最本真处，读来感人至深。作为军人、男人，作为陕西人和一个中国人，您的文章都描绘出一个精神世界高拔纯净的人的丰富。

　　这本书不仅是您个人的留影，也是一个时代的缩影。

2015.10.30

中国作家协会书记处书记

归·途·拾·光

贺　信

　　武平同志：欣悉在《海外文摘》杂志、《散文选刊·下半月》杂志等单位主办的"中国散文年会颁奖大会"上，你创作的散文《父子》获得"十佳散文奖"，特向你表示最热烈的祝贺！相信你将以此为新的起点，创作出更多有生活有温度有感情有筋骨的好作品，顺致最美好的祝愿！

2017年12月18日于北京

　中国作家协会副主席、书记处书记

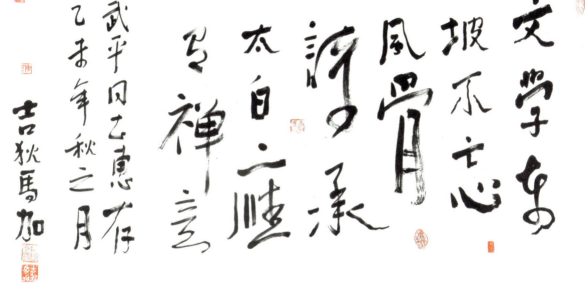

文学者
坡不忘
风骨
诗承
太白一脉
为禅意

武平同乙惠存
乙未年秋之月

吉狄马加

吉狄马加先生在京祝贺尹武平散文研讨会成功举办并获"中国散文精锐奖"（左起：邱华栋先生、李炳仁将军、吉狄马加先生、尹武平将军、戴旭光将军、袁树友将军）

图书在版编目（CIP）数据

归途拾光 / 尹武平著. -- 北京：作家出版社，2019.7
（2025.8重印）

ISBN 978-7-5212-0612-8

Ⅰ．①归… Ⅱ．①尹… Ⅲ．①散文集－中国－当代 Ⅳ.
①I267

中国版本图书馆CIP数据核字（2019）第124280号

归途拾光

作　　者：尹武平
责任编辑：省登宇　周李立
装帧设计：薛　怡
出版发行：作家出版社有限公司
社　　址：北京农展馆南里10号　　　　邮　　编：100125
电话传真：86-10-65067186（发行中心及邮购部）
　　　　　86-10-65004079（总编室）
E-mail:zuojia@zuojia.net.cn
http://www.zuojiachubanshe.com
印　　刷：中煤（北京）印务有限公司
成品尺寸：170×240
字　　数：170千
印　　张：17.75
版　　次：2019年7月第1版
印　　次：2025年8月第7次印刷
ISBN 978-7-5212-0612-8
定　　价：61.00元